Mit verbundenen Augen durch ein wohlgebautes Haus

Mit verbundenen Augen durch ein wohlgebautes Haus

Zur szenischen Kapazität von Architektur

Alban Janson und Angelika Jäkel (Hrsg.)

Vorträge und Gespräche über die Erfahrung von Architektur
zwischen Bild- und Raumerlebnis

PETER LANG
Frankfurt am Main · Berlin · Bern · Bruxelles · New York · Oxford · Wien

Bibliografische Information der Deutschen Nationalbibliothek
Die Deutsche Nationalbibliothek verzeichnet diese Publikation
in der Deutschen Nationalbibliografie; detaillierte bibliografische
Daten sind im Internet über <http://www.d-nb.de> abrufbar.

Gedruckt mit Unterstützung der
Fritz Thyssen Stiftung.

Gedruckt auf alterungsbeständigem,
säurefreiem Papier.

ISBN 978-3-631-56636-7
© Peter Lang GmbH
Internationaler Verlag der Wissenschaften
Frankfurt am Main 2007
Alle Rechte vorbehalten.

Das Werk einschließlich aller seiner Teile ist urheberrechtlich
geschützt. Jede Verwertung außerhalb der engen Grenzen des
Urheberrechtsgesetzes ist ohne Zustimmung des Verlages
unzulässig und strafbar. Das gilt insbesondere für
Vervielfältigungen, Übersetzungen, Mikroverfilmungen und die
Einspeicherung und Verarbeitung in elektronischen Systemen.
Printed in Germany 1 2 3 4 6 7
www.peterlang.de

Inhaltsverzeichnis

Alban Janson	Einleitung: Zur Aktualität des Szenischen in der Architektur	6
	Das Symposion. Die Autoren und Gesprächsteilnehmer	10

A. Akteur und Zuschauer: Die Doppelrolle des Benutzers

Angelika Jäkel	Zuschauend handeln. Wieviel Distanz verträgt die Betrachtung von Architektur?	15
Sabine Schouten	Sehen und Gesehen-Werden. Zur architektonischen Inszenierung theatraler Prozesse	20
Uwe R. Brückner	Szenographie oder die Kunst, den Raum zum Sprechen zu bringen	26

B. Erlebnis und Erfahrung: Die Bedeutsamkeit räumlicher Situationen

Thorsten Bürklin	Geist, Körper, Raum. Architektur als szenisches Symbol	33
Jürgen Hasse	Erfahrung durchs Erlebnis? Erlebnis-Architektur im selbst- und weltbezogenen Denken	36
Achim Hahn	Eindruck und Wirkung: Erfahrung machen mit Architektur	48

C. Architektur als szenisches Bild: Bühne für das alltägliche Handeln

Alban Janson	Spielraum und Prägnanz. Architektur und ihr szenisches Potenzial	53
Ulrich Schulze	Annas Haus. Raum und Bewegung bei Giotto und Josef Frank	56
Thomas Hasler	Szenische Kapazität	68

Bildnachweis	76

Einleitung:
Zur Aktualität des Szenischen in der Architektur
Alban Janson

„Wir fühlen eine angenehme Empfindung wenn wir uns im Tanze nach gewissen Gesetzen bewegen; eine ähnliche Empfindung sollten wir bei jemand erregen können, den wir mit verbundenen Augen durch ein wohlgebautes Haus hindurch führen". (Johann Wolfgang Goethe)

Szenografie, Erlebniswelten, Imagineering – diese Schlagworte bezeichnen den aktuellen Trend, der im Wettstreit um Aufmerksamkeit auch die Architektur dem Zwang zur forcierten Attraktivitätssteigerung unterwirft. Ein Schwimmbad darf nicht nur Schwimm- und Badegelegenheit bieten, sondern muss zum *Erlebnisbad* werden. Eine Parkanlage wird zum *Themenpark*, in Museen werden die Exponate nicht nur ausgestellt, sondern *szenografisch* präsentiert, auch ganze Stadtquartiere werden gemäß einem *Narrativum* inszeniert. Die Planungen dieser Einrichtungen und Orte haben eines gemeinsam: Über das praktisch-technische Funktionieren hinaus wird die persönliche Wahrnehmung und Erfahrung des Benutzers und Bewohners zum Gegenstand der Inszenierung, seine Bewegungen, sein Handeln, was er als Sinn erfährt und was er fühlt, das Erlebnis der ganzen Situation eben. Wo solche Inszenierungen von kommerziellen Interessen gesteuert werden, sind sie Teil der zunehmenden Vereinnahmung aller Lebensbereiche durch die Kultur- und Bewusstseinsindustrie, die auch vor der Architektur nicht haltmacht. Aber ist nicht gerade das intensive Erleben von räumlichen Situationen ein Ur-Anliegen der Architektur? Verstellt nicht die inflationäre Verwendung des Erlebnisbegriffs für oberflächliche Reize und durchschaubar billige Effekte die Sicht auf eines der zentralen Themen der Architektur?

Architektur als Situation
Es gibt unter Architekten eine seltsame Unentschiedenheit in der Frage, worum es in der Architektur eigentlich geht, was ihr Gegenstand, ihr Thema, ihr Medium sei. Es fällt uns vergleichsweise leichter zu sagen, worum es in der Musik geht, was ihr Stoff, ihr spezifisches Medium ist. Sicher nicht Schallwellen, mit Wellenlängen, Frequenzen usw. – damit arbeiten auch Physiker und Tontechniker. Musik ist etwas anderes, etwas Eigenes. Musik folgt spezifisch musikalischen Strukturen und Gesetzmäßigkeiten von Rhythmik, Harmonik, Melodik usw. Das ist uns geläufig. Es gibt außer der Musik keine andere Disziplin, deren Medium das ist. Was wäre dementsprechend das spezifische Medium der Architektur? Sicher nicht Ziegelstein, Holz, Stahl, Beton, auch nicht Deckenplatten, Wände, Treppen. Aber auch nicht einfach Raum, sondern – analog zu den klanglichen Strukturen der Musik – jenes komplexe Gefüge aus gebauten räumlichen Verhältnissen, in denen zugleich wir selbst uns bewegen und handeln. Wie die klanglichen Strukturen der Musik werden auch diese gebauten räumlichen Verhältnisse durch spezifische Strukturen und Gesetzmäßigkeiten geprägt, die man zu ihrer Beherrschung kennen muss, wozu man als Architekt über lange Zeit Erfahrungen zu sammeln hat.

Da die Architektur grundsätzlich Situationen schafft, in denen die beteiligten Personen selbst enthalten sind, ist sie nicht rein objektivistisch verstehbar, sondern nur in der Wechselwirkung von baulicher Beschaffenheit und subjektivem Erleben. Aus dem gestalterischen Zusammenspiel dieser beiden Komponenten besteht der Stoff der Architektur. Seine Grundelemente sind die bauliche Artikulation von Enge und Weite, die Herstellung von Innerlichkeit, die Kontrasterfahrung von Drinnen und Draußen, die Konfrontation unseres eigenen Körpers mit dem Widerstand des Gebäudekörpers, die bauliche Dramaturgie von Raumsequenzen usw., kurz: Alle Arten der Raumbildung für das Zusammenkommen und den individuellen Gebrauch, für all die unterschiedlichen Formen des Handelns und der Bewegung im Raum, präzise ausformuliert und zubereitet für Verstand, Gefühl und alle Sinne. In all diesen Fällen geht es gleichermaßen um elementare räumlich-situative Verhältnisse, die subjektiv erfahren werden, wie auch um deren objekthafte baulich-räumliche Materialisierung. Indem durch absichtsvolle Gestaltung beides in durchdachter Weise aufeinander bezogen wird, geht die Architektur über das reine Bauen ästhetisch und ausdruckshaft hinaus.

Aus der spezifischen Art, wie Architektur erfahren wird, hat der Kunstwissenschaftler Dagobert Frey das Wesen der Architektur hergeleitet: Im Unterschied zu der ideellen Welt, die in den Bildkünsten dargestellt wird, ist die ästhetische Wirklichkeit der Architektur die Realität unseres eigenen Lebensraums. Indem sie aber „in der ästhetischen Betrachtung aus der praktischen Wirklichkeit herausgehoben wird, die raum-zeitliche Verknüpfung mit dem betrachtenden Subjekt aber bestehen bleibt, muss dieses selbst aus seiner Wirklichkeit herausgehoben werden; das heißt, wir fühlen uns, wie eine bezeichnende Redewendung besagt, wie ‚in eine andere Welt versetzt'. Wir können [...] sagen, dass wir in der Architektur ‚Mitspieler' sind, während wir in den Bildkünsten ‚Zuschauer' bleiben."[1]

Szenisches Erleben
Hier klingt eine Affinität zum Theater an. Zugleich wird ein Moment der Selbstbezüglichkeit in der Wahrnehmung erkennbar. Dieser Blick auf sich selbst wurde mit dem Begriff der Exzentrizität von Helmuth Plessner als ein Charakteristikum menschlichen Erlebens generell beschrieben. Der Mensch ist in der Lage, zu sich selbst und seiner Stellung in der Welt eine Distanz herzustellen. „Er lebt und erlebt nicht nur, sondern er erlebt sein Erleben".[2] So hat Plessner diese spezifische Form menschlicher Welterfahrung beschrieben. „Was ist mein Leib," heißt es an anderer Stelle, „der meinem Willen gehorcht, anderes als eine bewegte Figur, die ich sehe wie die Figur eines anderen [...] Akteurs auf der Szene und Zuschauer zugleich."[3] Sicher beschränkt sich diese Selbstwahrnehmung nicht auf das „Sehen", sondern

umfasst die leibliche Ganzheit, eingebettet in eine raum-zeitliche Situation. In fundamentaler Weise ist menschliches Erleben deshalb „szenisches Erleben", weil diese Situation als Szene unseres Auftretens vor uns selbst und vor anderen wahrgenommen werden kann. Dabei spielt der Raum, insbesondere der gestaltete Raum, eine elementare Rolle als Schauplatz für dieses szenische Erleben. Aus diesem Grund ist das szenische Moment gerade in der Architektur von Bedeutung.

Im Gegensatz zu jenen künstlichen Erlebniswelten, durch die der Besucher in eine Traum- und Phantasiewelt entführt werden soll, die als Gegenwelt zur täglichen Normalität den Alltag vergessen lässt, wird die Architektur als fundamentale Gestaltungsdisziplin immer bei den Grundlagen von Wahrnehmung und Bewegung, den Bedingungen von Leiblichkeit und Emotionalität und bei den elementaren Vorgängen unseres alltäglichen Umgangs mit dem Raum ansetzen. Sie kann z.B. den einfachen Akt des Treppensteigens durch Schrittmaß und Steigung, durch den Rhythmus der Podestgliederung und der Richtungswechsel, die Ausblicke und die Lichtführung, durch Verengung und Weitung, durch die Akustik und die Anmutung bei der Berührung der Oberflächen zum Thema einer intensiven Erfahrung machen, bei der jeder Schritt die Aufmerksamkeit lohnt, sich selbst bei der Bewegung durch den Raum zu erleben. Einen solchen Vorgang führe ich nicht einfach aus, sondern ich verfolge ihn, wie eine Aufführung, auch wenn ich selbst der Akteur bin. In diesem Sinne mag man die Rolle der Architektur mit der Szenografie vergleichen.

Im Unterschied zur Szenografie aber muss diese Erfahrung in der Architektur kein narratives Thema haben. Das Treppensteigen etwa erzählt keine „Geschichte", es repräsentiert keine fiktive Realität. In der architektonischen Gestaltung bringt vielmehr die rohe Zweckrealität eine Erlebnisrealität hervor, die den Zweck selbst thematisiert. Thema ist die Bewegung selbst, aber in einem bestimmten Rhythmus; der Niveauwechsel, aber in einer ausdrucksvollen Gestik. Thema ist auch die Mühe des Steigens selbst, jedoch in einer dramatischen Sequenz, die Wahrnehmung und die Orientierung im Raum, aber aufgeladen mit einer charakteristischen Atmosphäre. Rhythmus, Gestik, Dramatik, Atmosphäre sind nicht Objekteigenschaften, sondern szenische Qualitäten. Im Gegensatz zur Bildästhetik der Bildkünste, wo ich als Betrachter gegenüber den Objekten und ihren Eigenschaften immer auf Distanz bleibe, bin ich hier Mitspieler und daher in ästhetischer Hinsicht Teilnehmer einer Szene, deren Qualitäten ich gleichermaßen ausgesetzt bin. Kann man trotzdem auch in der Architektur von einer Bildästhetik sprechen?

Szenisches Bild
Die Repräsentationsfunktion von Bildern besagt gemäß einem semiotischen oder kunstwissenschaftlichen Bildbegriff: „Bilder stellen etwas dar, was sie selbst *nicht* sind."[4] Ein spezifisch architektonischer Bildbegriff indessen muss berücksichtigen, dass Bilder innerhalb der Architektur vorwiegend in einer reflexiven Weise wirken: Neben immer auch vorhandenen zeichenhaften Bezügen repräsentiert das architektonische Bild in erster Linie sich selbst – die Haustür repräsentiert den Eingang des Hauses. Vor allem aber kann die Architektur eine räumliche Situation zu einem Bild machen, in dem der Betrachter sowohl selbst enthalten ist, als auch sich selbst in diesem Bild mit repräsentiert sieht. Wir machen diese Erfahrung in der Architektur immer dann, wenn wir der eigenen Situation im Raum innewerden, wenn wir uns selbst wie in einem Bild vorkommen, wobei wir die Situation nicht nur visuell-zeichenhaft sondern körperlich-leiblich wahrnehmen. Gerade „mit verbundenen Augen" können wir diese „angenehme Empfindung" fühlen, wie es Goethe ausgedrückt hat, wenn wir uns ähnlich wie „im Tanze nach gewissen Gesetzen bewegen". Die Vermutung liegt nahe, dass es sich dabei um eine Art „szenisches Bild" handelt.

Für die Architektur zu reklamieren wäre also vor allem jenes „Prinzip der Bildlichkeit, etwas Imaginäres zu erzeugen"[5]. In dem durch Architektur hervorgerufenen selbstreflexiven Heraustreten aus dem Alltagshandeln und aus dem rein funktionalen Raumgebrauch werden Handeln und Gebrauch *als* etwas anderes erlebt: als ein durch die räumliche Fassung szenisch verdichteter Vorgang. Die Parallelen liegen weniger beim Bildbegriff des Tafelbilds, des fotografischen Bildes oder dem bildhauerischen Werk als vielmehr beim szenischen Bild des Theaters. Die materiellen Bildmittel des Theaters, als Einheit aus Bühnenbild und dramatisch gestaltetem szenischem Handeln verstanden, sind selbst eine Form dreidimensionaler, bewegter Wirklichkeit, während sie zugleich eine Lebenswirklichkeit repräsentieren.

Zu den vielfältigen Formen ikonischer Differenzbildung in der Kunst des 20. Jahrhunderts gehört, wie Lambert Wiesing aufzeigt, auch die Umkehrung der Verweisrichtung. „Normalerweise sieht man auf einem Bild Dinge, die nicht anwesend sind. Bei der Collage ist dieses Prinzip umgekehrt."[6] So wie u. a. bei der Collage die ikonische Differenz darin besteht, dass etwas wirklich Anwesendes zum nur Sichtbaren wird, zur reinen Komposition von Formen und Farben, als Umkehrung der üblichen Bildfunktion, so kehrt die selbstreferentielle Erfahrung in Architektur die ikonische Differenz des Theaters um: Im Theater wird die Bühnenszene als Wirklichkeit betrachtet, in der Architektur indessen kann die Wirklichkeit als szenischer Vorgang erlebt werden. So wie es bei der Collage darum geht, „reale Dinge durch einen künstlerischen Formungsakt zu Darstellungen von sich selbst werden zu lassen"[7], so kann die räumliche Situation, in der wir uns bewegen und handeln, durch den architektonischen Formungsakt zur szenischen Darstellung ihrer selbst werden.

Kapazität

Während der Themenpark, die Erlebnisgastronomie und die szenografisch aufgeladene Ausstellung den Besucher durch „Imagineering" in eine Vorstellungswelt versetzen sollen, deren suggestiver Macht er sich nicht entziehen kann, dürfen die szenischen Bedingungen in der Architektur unser Handeln nicht einem Deutungszwang unterwerfen. Die architektonischen Mittel sollen nicht eingesetzt werden, um unsere Erlebnisse zu Gunsten äußerer Interessen zu vereinnahmen, sondern um einer räumlichen Situation allenfalls das Vermögen, die Kapazität, die Aufnahmefähigkeit für szenisches Erleben zu verleihen. Originäre Kompetenz von Architektur wäre demnach die Bereitstellung nicht nur von „semantischer Kapazität"[8], als Struktur prinzipieller Aufnahmefähigkeit von Bedeutungen, sondern von szenischer Kapazität, die imstande ist, die Entfaltung individuellen bzw. kollektiven Eigensinns im konkreten Umgang mit Raum bedeutsam zu machen.

[1] *Dagobert Frey: Wesensbestimmung der Architektur (1925), in: Ders., Kunstwissenschaftliche Grundfragen. Prolegomena zu einer Kunstphilosophie, Wien 1946, S. 93 - 98.*

[2] *Helmuth Plessner: Die Stufen des Organischen und der Mensch (1928), 3. Aufl., Berlin, New York 1975, S. 292.*

[3] *Ders.: Die Einheit der Sinne. Grundlinien einer Aesthesiologie des Geistes, Bonn 1923, S. 41ff.*

[4] *Reinhard Brandt: Die Wirklichkeit des Bildes. Sehen und Erkennen – Vom Spiegel zum Kunstbild, München 1999.*

[5] *Lambert Wiesing: Phänomene im Bild, München 2000, S. 22.*

[6] *Ebd.*

[7] *Ebd.*

[8] *Bernhard Schneider: „Was hat der linguistische Strukturalismus mit Entwerfen zu tun?", in: Konzept 1. Architektur als Zeichensystem, Tübingen 1971, S. 17.*

Das Symposion

Die Bedingungen, unter denen Architektur solche szenische Kapazität bereitstellen kann, wurden im Rahmen eines interdisziplinären Symposions mit dem Thema „Szenische Kapazität. Die Erfahrung von Architektur zwischen Bild- und Raumerlebnis" untersucht und diskutiert. Diese Konferenz wurde im Mai 2005 vom Institut für Grundlagen der Gestaltung der Architekturfakultät der Universität Karlsruhe durchgeführt. Als Referenten und Gesprächsteilnehmer waren Fachleute aus den Gebieten Architektur, Kunstwissenschaft, Philosophie, Sozialwissenschaft, Theaterwissenschaft und Szenografie beteiligt. Die Gesamtthematk ist danach in drei Themenfelder mit disziplinär unterschiedlichen Ansätzen gegliedert:

A. Akteur und Zuschauer: Die Doppelrolle des Benutzers
Worin besteht eigentlich die Affinität zwischen Architektur und Theater bzw. Szenografie? In welchem Verhältnis stehen die Rollen von Akteuren und Zuschauern im Theater zu denen der Benutzer von Architektur? Unter Berücksichtigung wesentlicher Positionen, die in den Gesprächen des Symposions vertreten wurden, macht Angelika Jäkel Ähnlichkeiten und Unterschiede deutlich, die das Erleben von Architektur im Verhältnis zum Theater ausmachen. Sabine Schouten untersucht als Theaterwissenschaftlerin, welche Techniken der Inszenierung es dem architektonischen Raum ermöglichen, zum Raum der Aufführung zu werden, wobei sie deutlich zwischen Inszenierung und Aufführung unterscheidet. Uwe Brückner, selbst Architekt und Szenograf in einem, erläutert an konkreten Beispielen die Inszenierungsprinzipien und -techniken der Szenografie sowie die fließenden Übergänge zur Architektur.

B. Erlebnis und Erfahrung:
Die Bedeutsamkeit räumlicher Situationen
Wie lassen sich die Erlebnisinhalte von räumlichen Situationen kommunizieren? Das war eine Frage, die im Zentrum der Gespräche dieses Themenkomplexes stand. Das Spektrum der Kontroverse spannt Thorsten Bürklin durch die Formulierung eines szenischen Symbolbegriffs auf, der diskursive und leibliche Erfahrung miteinander verbindet. Damit wird der Bezug erkennbar zwischen den Beiträgen der beiden folgenden Autoren. Einerseits Jürgen Hasse, Experte aus dem Bereich der Umweltwissenschaften, der für die Erlebnisse, denen Architektur die Bühne schafft, die Einbettung in „Situationen" geltend macht und dazu ausführlich auf einen phänomenologischen Situations-Begriff eingeht. Andererseits der Soziologe und Architekturtheoretiker Achim Hahn, der Architektur und Raumerfahrung vor allem über die sprachliche Beschreibung zu fassen verlangt, wonach – bei sorgfältiger Differenzierung von Eindruck und Wirkung – das Erlebte erst im sprachlichen Ausdruck zum Vorschein kommt.

C. Architektur als szenisches Bild:
Bühne für das alltägliche Handeln
Welche spezifisch architektonischen Eigenschaften dienen der Bereitstellung von „szenischen Kapazitäten" in Architektur und Urbanismus? Szenische Kapazität muss über die Bereitstellung neutraler Raumvolumen hinausgehen, wie Alban Janson mit Bezug auf die Diskussionen resumiert, und ein Angebot zum selbstreflexiven Erleben machen, aber darf uns nicht durch zwanghafte Verhaltensdeutung bevormunden. Die architektonische Basis für die ausdruckshafte Artikulation von Bewegung, Handeln und Sinn finden wir in den Richtungen und Spannungen des architektonischen Raumes, wie der Kunsthistoriker Ulrich Schulze an konkreten Beispielen der Malerei und der Architektur aufzeigt. Diese Strukturen können als „Kräftefeld" aufgefasst werden, in dem die Bewohner auch ihre eigene Bewegung strukturiert finden. Ganz ähnlich schätzt der Architekt Thomas Hasler die Rolle der „Gebärdenstruktur" von Architektur, v.a. der umfassenden Wände für das szenische Erleben im „Dazwischen" ein und veranschaulicht dies an konkreten Beispielen.

Der räumliche Rahmen des Symposions
Der Veranstaltungsort war der Gartensaal des Karlsruher Schlosses. Da wir als Architekten eine besondere Zuständigkeit für die Bearbeitung räumlicher Situationen haben, lag es nahe, das Thema des Symposions „Szenische Kapazität von Architektur" nicht nur auf diskursive Art zu behandeln, sondern auch in der nichtsprachlichen Form der Gestaltung des räumlichen Erlebnisses, dem jeder Teilnehmer und Besucher des Symposions ausgesetzt war. Was es bedeuten könnte, einer räumlichen Situation szenische Kapazität zu verleihen, wurde daher hypothetisch in der Inszenierung der ganzen Veranstaltung dargeboten: Im Unterschied zu den üblichen Vortrags- oder Podiumsveranstaltungen wurde das Symposion, ähnlich wie der Ausdruck „Symposion" (*griech.* für Gastmahl) es nahe legt, als große Tischrunde arrangiert, die rings um einen mit grünem Filz bespannten großen Tisch in der Mitte des Gartensaals Platz fand. Diese Anordnung erwies sich als außerordentlich günstig für die Gesprächseffizienz und die Kommunikation unter allen Teilnehmern. Die Zuschauer konnten rund um die zentrale Tischrunde Platz nehmen. Eine ganze Reihe von Details (von der großzügigen Bereitstellung von Notizmaterial bis zur Bewirtung und der bühnenmäßigen Ausleuchtung) unterstrichen den szenischen Charakter der Gesprächsrunden.

Die Autoren und Gesprächsteilnehmer
Henrik Ahr, Berlin. Bühnenbildner und Künstler. Studium der Architektur in Leipzig. Mitarbeit bei Henning Rambow und Max Dudler. Seit 2000 künstlerische Arbeiten und Ausstellungen. Bühnenbilder für Deutsches Theater Berlin, Theater Hamburg, Schaupielhaus Leipzig, Theater Basel u. a.
Dr. Thorsten Bürklin, Karlsruhe. Architekt, Studium der Architektur und Philosophie in Karlsruhe und Florenz, Promotion in Philosophie. 1994 - 2001 Wissenschaftlicher Mitarbeiter am Lehrstuhl für Grundlagen der Architektur. Div. Publikationen zu Ästhetik und Architekturtheorie, u.a.: Auftritte/Scenes. Interaktionen mit dem architektonischen Raum: die Campi Venedigs, Basel, Berlin, Boston, 2002.
Prof. Uwe R. Brückner, Stuttgart. Professur für Szenografie an der Hochschule für Kunst und Gestaltung Basel. Eigenes Atelier für Architekturen, Ausstellungsgestaltung und Szenografie. Projekte (Auswahl): Cyclebowl - Pavillon für das Duale System Deutschland auf der Expo 2000 Hannover; Swisscom-Box, Expo 02, Biel, Schweiz.
Prof. Dr. Eduard Führ, Cottbus. Lehrstuhl für Theorie der Architektur an der BTU Cottbus. Herausgeber der Internetzeitschrift für Architekturtheorie „Wolkenkuckucksheim". Arbeitsgebiete: Geschichte der Theorie der Architektur, Wissenschaftstheorie der Architektur, Theorie der Geschichte der Architektur, Neue Städtebau- und Baugeschichte, ‚New Towns'.
Prof. Markus Grob, Karlsruhe. Dipl. Architekt ETH, assoziierter Professor der staatlichen Hochschule für Gestaltung Karlsruhe. Publikationen u. a.: „Tun der Architektur", Edition Solitude, Stuttgart 1997; „Kannitverstan", über die Ausstellung im Badischen Kunstverein Karlsruhe 2004. Forschungsarbeit zur Typologie der „Kleinen Häuser" als Fundament einer kohärenten Begriffsbestimmung der Entwurfstheorie.
Prof. Dr. habil. Achim Hahn, Dresden. Architekturtheoretiker und Soziologe. Professor für Architekturtheorie und -kritik an der Technischen Universität Dresden. Veröffentlichungen u.a. zur Methodologie der Sozialwissenschaften, ländliche Sozialwelten, neue Lebensformen in Postsuburbia; Forschungen zu wohnsoziologischen, ethischen und ästhetischen Problemen der Architekturtheorie sowie zur Zwischenstadt als Lebensform.
Dr. Thomas Hasler, Zürich. Architekt. Architekturbüro mit Astrid Staufer in Frauenfeld/Schweiz. Dozent für Architekturtheorie an der ETH Zürich. Autor von: Architektur als Ausdruck – Rudolf Schwarz, Zürich, Berlin 2000.

Prof. Dr. Jürgen Hasse, Frankfurt. Lehrstuhl für Geographie und Didaktik der Geographie an der Universität Frankfurt am Main, Arbeitsgebiete: Raum- und Umweltwahrnehmung, Mensch-Natur-Verhältnisse, Landschaftsästhetik, Ästhetische Bildung.

Prof. Dr. Heidi Helmhold, Köln. Lehrstuhl für Ästhetik und Ästhetische Praxis am Institut für Kunst und Kunsttheorie, Universität zu Köln. Arbeitsschwerpunkte: Urbanität, Textile Architektur, Social Activism in der Bildenden Kunst, Kulturelle Praxen. Neben wissenschaftlicher Arbeit Vortragsaktionen und Performances.

Dipl.-Ing. Angelika Jäkel, Karlsruhe. Architektin. 1998 - 2005 Wissenschaftliche Mitarbeiterin am Lehrstuhl für Grundlagen der Architektur. Dissertation zu Theorie und Begriff der Geste in der Architektur. Publikationen zur Frage nach der Form in der Architektur sowie zur gestischen Wahrnehmung.

Prof. Alban Janson, Karlsruhe. Architekt. Lehrstuhl für Grundlagen der Architektur an der Universität Karlsruhe. Gemeinsames Büro für Architektur und Stadtplanung mit Prof. Sophie Wolfrum, München. Forschungsarbeiten und Publikationen zur Phänomenologie der Architektur.

Dr. des. Sabine Schouten, Berlin. Studium der Theaterwissenschaft sowie Neueren Deutschen Literatur. Von 2002 bis 2006 wissenschaftliche Mitarbeiterin am SFB „Kulturen des Performativen" (FU Berlin), seit 2006 freie Pressearbeit und Autorin. Publikationen zur Rhythmuswahrnehmung, Performativität und Räumlichkeit im Theater. Dissertation zur zeitgenössischen Theaterästhetik mit dem Titel „Sinnliches Spüren. Wahrnehmung und Erzeugung von Atmosphären im Theater".

Prof. Dr. Ulrich Schulze, Karlsruhe. Institut für Kunstgeschichte an der Fakultät für Architektur der Universität Karlsruhe. Forschungsgebiete: Architektur des Barock, Architektur des 20. Jahrhunderts, Theater- und Bühnenarchitektur, Politische Ikonographie.

Akteur und Zuschauer:
Die Doppelrolle des Benutzers

Álvaro Siza Vieira, Rektoratsgebäude der Universität von Alicante, 1995-98

Zuschauend handeln.
Wieviel Distanz verträgt die Betrachtung von Architektur?
Angelika Jäkel

Zwei Männer stehen sich gegenüber, ins Gespräch vertieft. Der eine muss aus einer der geöffneten Fenstertüren getreten sein, die den Hofumgang begleiten, und zwar etwa zwei Schritte. Er wird den anderen gesehen haben, während dieser den Weg entlang ging. Möglicherweise hat dieser auch den anderen gesehen, weil seine Fenstertür offen stand und er an seinem Schreibtisch saß. Die Fenstertüren sind je mit einem kleinen Stück privatem Austritt ausgestattet, gerade lang genug für jene zwei Schritte, dann steht man auf dem Weg, der – vom Campus kommend – zu einem der beiden Eingänge von Sizas Rektorat der Universität von Alicante führt. Als Besucher müsste man also zwischen den beiden Männern hindurch treten, denn das Staccato der Pfeiler, die deutliche Forderung der Bodenoberfläche und die zwingende Geradheit des Weges ließen es nicht zu, dem Paar auszuweichen. Genauso wenig wäre es möglich, *nicht* an dieser Reihe von Fenstertüren diesen Weg entlang zu gehen, so und so viele Säulenabstände, bevor man das Haus erreichte, stattdessen etwa über den Patio schlendernd. Nichts ist selbstverständlicher als hier entlang zu gehen: Neben den Pfeilern, unter dem Dach des Umgangs, auf dem Weg. Und nichts ist unausweichlicher, als sich hier zu treffen.

Nehmen wir dieses Bild als „Szene". Bezeichnen wir die beiden, sich zufällig begegnenden Sachbearbeiter des Rektorats als „Akteure", und uns, die wir den Weg entlang dem Haus entgegengehen, als ebensolche, dabei nachfühlend, wie der gemeine Besucher diesen Weg unter den Augen der aufgereihten Mitarbeiter nähme. Wir können nun unsere eigene Befindlichkeit in dieser Situation beschreiben, wir können auch die Haltung, die Art des Gegenübers der beiden Männer genau beschreiben, weiterhin unser Verhältnis zu den Männern, während wir uns – fiktive Besucher – auf das Haus zu bewegen. Wir unternehmen also den Versuch, aus der Befindlichkeit der handelnden Personen auf die Beschaffenheit der architektonischen Situation zu schließen.

Nun fragen wir: Hilft uns dabei, dass wir hierbei von einer „Szene" sprechen, dass wir über „Akteure", „Zuschauer" und von der „szenischen Kapazität" dieser Situation reden?

Unsere Begrifflichkeit haben wir folgendermaßen entworfen: Als *szenische Kapazität* haben wir eine Art Selbstreflektion des Benutzers bezeichnet, der den Raum inne hat in leiblicher Gegenwart.[1] Für die beiden Sachbearbeiter mag dieses „Innehaben" bedeuten, dass die Breite des Hauptweges gerade ihren Abstand voneinander vorzugeben und dies für den Zweck ihres Gespräches genau zu passen scheint: Es muss sich um ein kürzeres und wohl auch weniger vertrauliches Treffen handeln, andernfalls wären sie wohl neben den Weg getreten, hätten sich womöglich abgewandt. Sie scheinen also zu spüren, wie sie sich postieren müssen – sie eignen sich die räumliche Situation für ihre Zwecke an.

In diesem „szenischen Bild" sind im Moment der Aufnahme alle Beteiligten Akteure – die Sachbearbeiter ebenso wie die sich nähernde Person, in deren Position das Kameraauge uns versetzt. Wir werden nun nicht herausfinden, ob sich die beiden Sachbearbeiter während ihres Dort-Stehens auf eine bestimmte Weise vorkommen – ob und wie sie ihre „Herumwirklichkeit" wahrnehmen und wie diese ihre Befindlichkeit beeinflusst. Wir können uns allerdings vorstellen, wie es wäre, selber dort zu stehen: Die offene Fenstertür im Rücken, die Fersen am Rand des Weges, mit einem Gegenüber, dessen Gestalt vor dem hellen Hintergrund des von zwei Pfeilern begrenzten Patioausschnitts dunkel kontrastiert. Auch die Spaliersituation wird uns vertraut sein: Wir müssen zwischen den beiden Männern hindurch, sie werden uns kurz anblicken und in einem Bruchteil von Moment entscheiden, ob sie doch noch ausweichen oder aber den Vorübergehenden einfach zwischen ihnen beiden hindurchgehen lassen. Kein Zweifel, für die Situation, wie sie auf das

Foto gebannt ist, und wie wir sie uns als zeitlich andauernde – entstehende und sich wieder auflösende – Handlung ausmalen können, sind eine Fülle von baulichen Einzelheiten maßgebend. Die beiden einander streng axial gegenüberstehenden Männer lassen die Präzision des Zusammenspiels zwischen Wegbreite, Zwischenstück des Weges, Pfeilerfolge, Fenstertür und sogar den schulterhoch gefließten Wänden stärker spüren, als wenn wir diese Architektur menschenleer betrachten würden. Man könnte vielleicht sagen, dass dieses Sich-Treffen der beiden Männer auf eine eigentümliche Weise einen verborgenen Zusammenhang zwischen den einzelnen architektonischen Elementen hervorbringt und für uns sprachlich fassbar macht.

Können wir aber davon sprechen, dass die Akteure in dieser Situation gleichzeitig handeln und sich dabei so-und-so vorkommen, dass sie, wie Alban Janson es formuliert hat, Akteure und dabei ihre eigenen Zuschauer sind? Von den beiden Sachbearbeitern ist anzunehmen, dass sie – befragt auf ein solches Befindlichkeitsgefühl während ihres Gesprächs – dessen Existenz verneinen würden. Für uns, die wir uns der räumlichen Situation quasi experimentierend aussetzen und dabei die Wirkung der raumbildenden Elemente kraft unserer eigenen Bewegung und leiblichen Wahrnehmung auszuloten imstande sind, ist dieses Hineinfühlen in die räumliche Situation jedoch Voraussetzung für ein ästhetisches Urteil. Hier wird deutlich, dass es einen Unterschied gibt zwischen der Rekonstruktion der möglichen Wahrnehmung der Sachbearbeiter und der sprachlichen Verfügbarmachung des eigenen leiblichen Spürens. Für die Gesprächsrunde war diese Frage nach der Autorschaft der Wahrnehmungsanalyse eine zentrale, wenn auch über den Umweg des interdisziplinären Abgleichs: Worin nun unterscheidet sich der „Akteur" der theatralen Situation von dem Handelnden in der architektonischen Situation?

Zuschauen und Handeln. Theater versus (Alltags-) Architektur. Zunächst erwies sich die These von der Doppelrolle als doppeldeutig, denn eine andere als die von uns gebrauchte Bedeutung der Doppelrolle trifft für die theatrale Situation zu: Eine Aufführung setzt stets die Anwesenheit von Darsteller *und* Zuschauer voraus, sie ist kommunikativer Austausch zwischen mindestens zwei Personen. Wenigstens eine der beiden zeigt sich intentional und agiert als darstellende Instanz. Konstitutiv für den Aufführungscharakter einer Situation ist, dass der andere ihm dabei zuschaut. Die klassische Zuweisung des Darstellens an den Schauspieler und des Zuschauens an das Publikum wird allerdings in der zeitgenössischen Inszenierungspraxis zunehmend hintergangen: Der Zuschauer ist nicht mehr nur passiver Rezipient, sondern wird auf verschiedene Weisen einbezogen in die Produktion dessen, was zur Aufführung kommt: Er wird zum Akteur und umgekehrt reagiert der Schauspieler/Akteur auf das Publikum, die Rollen werden also immer wieder getauscht.[2]

Halten wir also zunächst den Unterschied zwischen Darsteller und Zuschauer als erste Differenz zwischen Architektur und Theater fest: Im Theater werden intentional agierende Darsteller von aktiv rezipierenden Zuschauern wahrgenommen, während der ‚Akteur' der architektonischen Situation – so unsere Ausgangsthese – sich im Raum vorkommt, sich selber – in diesem agierend – zuschaut.

Für das Verständnis einer architektonischen Situation reklamiert nun Eduard Führ das „Architektonische der Architektur" als einen Wahrnehmungsmodus, in dem Akteur und Zuschauer gar nicht ‚zusammenfallen' können, weil sie nie getrennt waren: Das räumliche Umfeld, so Führs Argumentation, wird in der Alltagssituation vom Subjekt stets beiläufig – in wahrnehmendem Handeln – erlebt. Im Gegensatz zum darstellenden Agieren im Theater zeigen wir uns in der

Architektur eben nicht bewusst einem Gegenüber, selbst wenn wir von diesem beobachtet werden: *„Wir werden gesehen, aber wir zeigen uns nicht intentional."* [3]

Die disziplinäre Differenz im Verständnis der „Doppelrolle" verweist auf einen grundlegenden Unterschied zwischen theatraler und architektonischer Situation hinsichtlich der Art und Weise der Wahrnehmung: Erstere als Akt des Sich-gegenseitig-Zuschauens, letztere als singuläre Erfahrung des Einzelnen mittels seines leiblichen Spürens. Die Grundkonstellationen der beiden Disziplinen sind dementsprechend nicht austauschbar. Die dem Theater entlehnten Begriffe für die Kennzeichnung einer architektonischen Situation zu verwenden, birgt folglich die Gefahr der Missverständlichkeit, ihr wird nämlich ebendies unterstellt: Dass sie den Rahmen böte für das Zuschauen und Darstellen, damit also tendenziell visuell orientiert wäre. In der Diskussion wird deutlich: Die unmittelbare leibliche Betroffenheit des sich bewegenden Handelnden in der architektonischen Situation – „sich selber zuschauen" hier aufgefasst als „sich vorkommen" – kommt in der Assoziationswolke der Begriffe Akteur, Zuschauer, Szenische Kapazität usw. zu kurz.

Zuschauen und leibliche Betroffenheit. Wenn wir die szenische Kapazität einer architektonischen Situation kennzeichnen, indem wir sagen: „Ich sehe die Situation als Ganzes", wenn ich meiner in einer räumlichen Situation inne werde, dann ist dieses Sehen gemeint als eine Art leiblich verankerte Selbstreflexion. Diese ereignet sich jedoch nicht ausschließlich über den visuellen Sinn, sie wird vielmehr als eine Befindlichkeit des ganzen Leibes, insbesondere seiner Bewegungen, gespürt. Ich werde meiner selbst inne, werde meiner Herumwirklichkeit gewahr, indem ich spüre, wie, auf welche Weise ich mich leiblich in ihr befinde. „Sich selber zusehen" ist dann als metaphorisches Sehen gemeint. In der klassischen theatralen Situation – dem Raum des Theaters, in welchem Bühne und Zuschauerraum, Darsteller und Zuschauer getrennt sind, bedeutet das „Zuschauen" ein visuelles, akustisches, olfaktorisches, unbedingt also: atmosphärisches Wahrnehmen. Es ist jedoch gerade durch diesen theatralen Raum herausgehoben aus der unmittelbaren Betroffenheit des Alltagsgeschehens. Vor allem ist aber der Ort des Zuschauers ein anderer als der des Akteurs: Dem Bühnenbild – allgemeiner: der räumlichen Umgebung des Handelns – ist der Zuschauer auf eine andere Weise leiblich ausgesetzt: Er überschaut es, er befindet sich in räumlicher Distanz zu ihr. Hier kommen wir dem Kern der Differenz näher: Der Zuschauer des Theaters *lebt/wohnt* nicht in der Szene, er *schaut ihr zu*, selbst wenn er sich räumlich mitten in der Szene befinden sollte. Das Betrachten der Situation bestimmt die Wahrnehmung, dagegen tritt die Aneignung des Raumes durch das Benutzen und Sich-Bewegen in den Hintergrund.

Schließlich – und dies war einer der Anlässe dieses Symposions – ist die Tendenz einer Annäherung der Disziplinen unleugbar: Theatrale Aufführungspraxis übt den Zugriff auf die Lebenswirklichkeit, indem etwa alltägliche Orte als Schauplätze der Inszenierungen gewählt werden. Wird man bei allen Auflösungserscheinungen der klassischen Rollenzuweisungen für die theatrale Situation dennoch konstatieren müssen, dass der Zuschauer (rsp. der Besucher oder vielleicht auch der Konsument) sich nicht in den Handelnden der Lebenswirklichkeit verwandeln kann? Sich auf eine theatrale Situation einzulassen, sie als solche anzuerkennen, scheint doch stets einherzugehen mit dem Heraustreten aus dem wahrnehmenden Handeln der Lebenswirklichkeit, das sich beiläufig in alltäglicher Umgebung ereignet.

Und umgekehrt: Ein fester Bestandteil architektonischer Praxis ist mittlerweile die Inszenierung *von etwas*. Für die Architektur gilt, dass es gewiss Situationen gibt, in denen sie das räumliche Umfeld liefert für Darstellungen gleich welcher Art, sich also sehr wohl etwas oder jemand in ihr und mit ihr intentional zeigt. Es gibt genügend Beispiele, wo die Architektur als Mittel der Inszenierung einer Aufführungssituation eingesetzt wird – in der soziales, ökonomisches, privates usw. Handeln ebenso dargeboten wie auch beobachtet wird: Der Einfamilienhausbauer zeigt sich schon mit der Auswahl seiner Tür, mit der Gestaltung seines Erkers oder mit der besonderen Praxis seines Rasenmähens seinen Nachbarn mit all seinen Vorlieben und Eigenheiten. Auftritte und Darstellungen *von etwas* werden in den verschiedensten gesellschaftlichen Handlungsbereichen u.a. mit architektonischen Mitteln umgesetzt: das Stadtfest, die Wahlkampfveranstaltung oder einfach nur ein beliebiger Verkaufsraum, der die ‚Emotionen' transportieren soll, für die das zu verkaufende Produkt steht. Fraglos lassen sich für alle genannten Beispiele die entsprechenden Aufführungspraktiken näher analysieren. Dies wäre im übrigen ganz im Sinne einer Rede von der Theatralität als Paradigma, welches sich quer durch alle gesellschaftlichen Bereiche beobachten lässt.

Sollten wir also künftig unterscheiden zwischen Architektur, die etwas oder jemanden inszeniert, die etwas „in Szene" setzt, und solcher, die dem alltäglichen Tun bzw. Wohnen Raum verschafft – eine Art ‚eigentliche Architektur'? Eduard Führs These, das wahrnehmende Handeln der Lebenswirklichkeit als das „Architektonische der Architektur" zu postulieren, weist in eine solche Richtung. Hier wird deutlich, wo die Trennlinie verläuft, nämlich entlang der Frage nach dem Gegenstand der architektonischen Inszenierung. Die ästhetische Grenze zwischen Zuschauer und Akteur lässt sich also nicht zwischen der theatralen und der architektonischen (Alltags-)situation ziehen, vielmehr gibt es beide Fälle in fließenden Übergängen vermutlich in jeder Art von architektonischer Aufgabenstellung. Wir müssten also präziser unterscheiden zwischen Architektur, die auf eine bestimmte Wirkungsabsicht hin inszeniert ist, und solcher, die ‚nur' den Zweck verfolgt, der alltäglichen Lebenswirklichkeit einen angemessenen Ausdruck zu verleihen. In der solchermaßen aufgefassten Inszenierung sind es eben die leiblichen Befindlichkeiten, Bewegungen, Handlungen, Verrichtungen des Wohnens, die an die Stelle des Textes, des „Stücks" treten, das in der theatralen Situation zur Aufführung kommt: Wie gehen, wie eine Treppe hinauf steigen, wie am Fenster Platz nehmen, wie an einem Tisch sitzen?

Kommen wir zurück auf das Treffen unserer Sachbearbeiter der Universität von Alicante. Es ist nicht anzunehmen, dass sie – befragt nach Gründen für ihr Dort-Stehen – diese angeben könnten als Ergebnis einer bewussten Reflexion und schließlich Entscheidung für oder gegen diese Stelle. Im alltäglichen, beiläufigen räumlichen Handeln ist uns die Beschaffenheit einer räumlichen Situation nicht reflektierend bewusst – ihre Oberfläche, Gliederung, ihre Fügung und dementsprechende Eignung als Ort unseres Daseins – und dennoch beeinflusst diese Situation beständig und kontinuierlich unser Handeln. Unsere Aufgabe als Architekten ist daher, diesen – subjektiv und leiblich – erlebten Befindlichkeiten sprachlich zum Ausdruck zu verhelfen. Und dies geht brisanterweise nur, indem wir unser eigenes leibliches Sich-so-und-so-vorkommen reflektieren.

[1] Für Graf Karlfried von Dürckheim ist das „Innehaben" neben dem „Gegenständlich gegenwärtig haben" eine von zwei Formen des Raumbewusstseins alltäglichen Erlebens: „Das Gegenwärtighaben des augenblicklichen Raumes kann aber auch (...) lediglich in einem durchaus unreflektierten Innesein bestehen. Dann ist mir mein Hiersein und der Raum, in dem ich mich befinde, nicht „als solcher", nicht als gegenständlich von mir abgesetztes eigenes Ganzes gegenwärtig, wie dort, wo ich es in seiner Eigenwirklichkeit fixierte, sondern er ist dann lediglich eine komplexe Bestimmtheit des augenblicklichen Erlebnisganzen und in diesem vor allem ‚ungegenständlich' gegenwärtig." (Graf Karlfried von Dürckheim: Untersuchungen zum gelebten Raum. Erlebniswirklichkeit und ihr Verständnis, in: Neue Psychologische Studien, Band 6, 4. Heft: Vom Raumerleben, München 1932, S. 397).

[2] Zum Charakter einer Aufführung vgl. etwa Erika Fischer-Lichte: Ästhetische Erfahrung. Das Semiotische und das Performative, Tübingen, Basel 2001, S. 22 sowie Kapitel II und III.

[3] Alle vorstehenden Zitate: Eduard Führ in der ersten Gesprächsrunde des Symposions.

Sehen und Gesehen-Werden
Zur architektonischen Inszenierung theatraler Prozesse
Sabine Schouten

Theaterwissenschaftler auf Urlaub haben es mitunter schwer. Ihr Gegenstand verfolgt sie – Inszenierungen lauern überall und Aufführungen entkommt man nicht. So aktualisierte sich auch eine Frage zur Tagung „Szenische Kapazität", nämlich ob wir das Erlebnis unserer eigenen Bewegung im architektonischen Raum als theatralen Vorgang begreifen können, just in dem Moment, als ich auf einem kleinen Leuchtturm am Ende eines Hafenpiers in Vigo/Spanien saß und in der Sonne döste.

Ich kann nicht mehr sagen, wann die Akteure ihren Auftritt hatten. Die Vorführung hatte jedenfalls schon begonnen, als ich die Augen wieder öffnete. Fünf Männer im Halbrund. Nicht eng beieinander, sondern jeder für sich. In gleichen Abständen lehnen sie am kreisrunden Ausläufer des Piers an der Mauer. Keiner bewegt sich. Schweigend starren sie aufs offene Meer. Der zweite von links zündet sich eine Zigarre an, raucht. Sein rechter Nachbar schlägt daraufhin die Zeitung auf, legt sie auf die Mauer. Dann wieder Stillstand. Das Geräusch der Wellen. Das Klirren der Mastfahnen. Auch ich verhalte mich ruhig. Hole die Kamera raus. In der Mitte wechselt der Mann vom linken auf den rechten Fuß. Wie auf ein Zeichen dreht sich sein Nachbar links außen plötzlich um und blickt den langen Betonpier hinunter. Ich folge seinem Blick. Tatsächlich, da nähert sich jemand langsamen Schrittes. Als er das Rund betritt, stößt sich der Mann links außen von der Mauer ab und geht. Der Hinzugekommene nimmt ohne Zögern seinen Platz ein. Und wieder stehen alle still. Ich stehe auf, gehe den Pier entlang. Plötzlich schaue ich mir selbst beim Laufen zu. Leute kommen mir entgegen, einzeln, in ähnlichen Abständen. Was passiert hier eigentlich? Ich schaue mich um, und richtig, die Mauersteher folgen mir plötzlich in Reih und Glied. Ich setze nervös die Sonnenbrille auf und strebe dem Ende des Piers entgegen, bloß nicht zu schnell natürlich, und: Auch ich achte jetzt auf den richtigen Abstand.

Diese kleine Szene erweckte bei mir aus verschiedenen Gründen den Eindruck einer inszenierten Performance. Auch wenn die Männer nicht im Rahmen vordefinierter Spielregeln agierten und sich ihrer Vorführung nicht bewusst waren, ließ ihr Verhalten doch inszenatorische Eingriffe vermuten. Sowohl in ihrer räumlichen Verteilung als auch ihrem zeitlichen Timing schienen sie einer geheimen Verabredung zu folgen. Zumindest drängte sich mir dieser Eindruck derart auf, dass ich mir schließlich das Verhalten der Anderen selbst zueigen machte und dabei vom Zuschauer zum Akteur wurde. Was aber hatte dieses rhythmische Wechselspiel in der Bewegung der Männer am Pier entstehen lassen? Wer hatte hier wen inszeniert?

Ich möchte mich im Folgenden mit der Frage beschäftigen, auf welche Weise Architektur theatrale Prozesse zu inszenieren vermag. Dabei gehe ich zunächst von der These aus, dass Architekten sich bei der Gestaltung von Gebäuden und Räumen verschiedener Techniken im Sinne von Erzeugungsstrategien bedienen. Einige dieser Techniken der Inszenierung werde ich kurz darstellen.

Ob und inwieweit jedoch Orte Inszeniertes zur Erscheinung bringen, kann nicht in Reflexion auf ihr Gemacht-Sein, sondern nur in Auseinandersetzung mit ihrem situativen Gebrauch erforscht werden. Im zweiten Teil des Vortrags werde ich mich deshalb aus theaterwissenschaftlicher Perspektive dem Begriff der Aufführung zuwenden.

Der inszenierte Raum

Aufführungen inner- und außerhalb der Kunstform des Theaters ergeben sich aus dem Zusammenwirken von Körperlichkeit und Wahrnehmung an einem gemeinsamen Ort. Das heißt, die inszenierten Körper der Akteure oder das Material der inszenierten Objekte werden im Wechselspiel von Darstellen und Zuschauen auf spezifische Art und Weise zur Erscheinung gebracht. Auch wenn Aufführungen also immer ereignishaft und emergent sind, können sie doch zu-

Akteure am Hafenpier in Vigo, Spanien

gleich durch ihre Produktion, ihre Inszenierung intendiert und gelenkt werden. In theatralen Prozessen außerhalb des Theaters nun kann ich selbst zum Initiator dieser Inszenierung werden, oder aber ich selbst werde (als Zuschauer oder Akteur) zum Bestandteil einer Inszenierung, die von einer situativen Umgebung ausgeht. So bürgerte sich, schon lange bevor man unter dem Begriff des Inszenierens ab 1900 eine künstlerische Tätigkeit verstand, im Frankreich des 18. Jahrhunderts der Ausdruck „mettre en scène" ein, was übersetzt soviel wie „etwas zum Gegenstand des Theaters machen" bedeutet – wobei „scène" sich nicht auf den Theaterort beschränkte, sondern eher meinte: „Ort, an dem sich etwas des Zeigens Würdiges ereignet".[1] Diese Formulierung scheint mir im Kontext der Fragestellung, ob und wie Architektur theatrale Prozesse erzeugt, einen geeigneten Akzent zu setzen, da sich mit ihr zwei für unseren Kontext relevante Fragen verbinden:

1. In Bezug auf die Wahrnehmung: Auf welche Weise bringt der Ort sich oder etwas Anderes inszenatorisch zur Erscheinung?

2. In Bezug auf die Körperlichkeit: Welche Techniken der Inszenierung ermöglichen es dem architektonischen Raum zum Raum der Aufführung zu werden?

Martin Seel wies im Hinblick auf die erste Frage darauf hin, dass das „Spiel der Erscheinungen" eines Gegenstands einer Wahrnehmung bedarf, die sich „durch einen Abstand von einer ausschließlichen Zweckverfolgung und eine Wachheit für eine disfunktionale Präsenz der Phänomene"[2] auszeichnet. Diese Diagnose ist im Hinblick auf die Inszenierungen durch einen architektonischen Raum insofern zu ergänzen, als dass die Form der Wahrnehmung zugleich eine spezifische Relation zur Umgebung herstellen muss: D.h. durch Architekturen erzeugte theatrale Prozesse bedürfen einer Wahrnehmung, in der die Erfahrungsdimension des Ortes im Erleben des Wahrnehmenden deutlich hervortritt. Wenn Erwin Straus bemerkte, dass sich „der Raum des Empfindens […] zum Raum der Wahrnehmung wie die Landschaft zur Geographie"[3] verhält, so wies er damit auf diesen Unterschied zwischen einer ästhetischen und einer funktionalen Raumerfahrung hin, ohne dabei eine der beiden Wahrnehmungsweisen absolut zu setzen.

Nun lässt sich zwar feststellen, dass ich am Pier in Vigo nach Seel durchaus in der „Gegenwart verweilte" und ihr „in selbstzweckhafter Aufmerksamkeit" begegnete, aber das erklärt noch nicht, auf welche Weise die Umgebung die erlebte Aufführung ermöglichte bzw. überhaupt erst hervorbrachte. Welche Techniken der Inszenierung ermöglichen es also dem architektonischen Raum – und damit wende ich mich meiner zweiten Frage zu – zum Raum der Aufführung zu werden?

Ich fange mit einem bekannten Beispiel an. Der ursprünglich aus dem japanischen Theater stammende, ins Theater der Avantgarde übernommene „hanamichi", ein schmaler Steg, auf dem die Akteure sich von der Bühne aus quer durchs Publikum bewegen können, erfüllt einen einfachen Zweck, ist aber für Inszenierungen des „Erscheinenlassens" gleichwohl sehr wirkungsvoll. Vornehmlich dient er natürlich der Funktion, die Distanz zwischen Zuschauer und Akteur zu verringern, zugleich aber bezieht er seine ästhetische Wirkung aus eben dieser Technik der „Vereinzelung". Wenn in durchdesignten Shopping-Malls die Treppe zur Showbühne wird, wenn wir uns auf einer schmalen und frei schwebenden Brücke von Gebäude zu Gebäude wie auf einem Catwalk fühlen, dann liegt das daran, dass das Sehen und Gesehen-Werden des Einzelnen hier architektonisch forciert wird. Mit der Vereinzelung und Distanzierung ist ein wichtiges theatrales Prinzip erfüllt. Selbst wenn wir uns nicht in einem klassisch zweigeteilten Guckkastentheater befinden, so gründet doch eine theatrale Situation immer in der Zweiteilung von Darstellung und Wahrnehmung. Ob im Stadttheater, bei einer Performance oder dem Lauf über den Steg, immer zieht das Entstehen eines Darbietungsraumes die Zuteilung einer Zuschauerposition nach sich. So kann ich, auch wenn ich mich allein über einen hanamichi bewege – derart ausgestellt – die Blicke Anderer, und sei es nur durch meinen eigenen abständigen Blick, imaginieren. Distanzierende bzw. vereinzelnde Architektur lenkt per se die Aufmerksamkeit auf das fremde oder eigene Ausgestelltsein und schafft zugleich Beobachterpositionen, sie wird zusätzlich verstärkt, wenn sie – wie im Theater oder dem Pier in Vigo – den catwalk auf eine Bühne führt. Gerade diese intensivierte Aufmerksamkeit auf das Sehen und Gesehen-Werden im Raum aber ist es, welche zugleich mein Erleben des Raumes modifiziert und die Wahrnehmung vom funktionalen Nutzen desselben auf seine und meine phänomenale Verwobenheit richtet.

Eine verwandte Technik könnte als das Spiel mit Innen und Außen beschrieben werden. Als Vanessa Beecroft im Frühjahr 2005 ihre Perfomance VB 55 in der Berliner Neuen Nationalgalerie zeigte, war es nicht zuletzt der gläserne Raum Mies van der Rohes, der das Publikumsverhalten inszenierte. Während die Zuschauer im Innenraum 100 nackte Frauen betrachteten, machte sie der Blick der Wartenden außerhalb der gläsernen Wände zugleich zu den Akteuren der Aufführung. Das Spiel mit Innen und Außen ist somit gekoppelt an einen in theatralen Prozessen produzierten Voyeurismus und zieht sich durch eine Vielzahl architektonischer Räume – verwiesen sei hier etwa auf die zunehmende Verwendung des Baumaterials Glas oder das Spiel mit Einblicken und Ausblicken durch Wanddurchbrüche, Trennwände etc., etwa in Libeskinds „Jüdischem Museum". Solcherlei räumliche „Schaufenster" ermöglichen ihren Benutzern, nicht nur in die Rolle von Zuschauern und/oder Akteuren zu schlüpfen, sie sind zugleich auch immer implizite Handlungsanweisungen. Insbesondere aber in Räumen, wo solche Anweisungen architektonisch explizit ausgesprochen werden, sind Aufführungssituationen nicht weit. So fordert

Vanessa Beecroft,
Perfomance VB 55,
Neue Nationalgalerie Berlin, 2005

etwa eine Tanzfläche ähnlich zur Benutzung auf wie das Passieren eines Altarraums bei Katholiken nach Bekreuzigung verlangt. Solche Aufforderungen zur Aktion lassen sich immer zugleich als Inszenierung einer potenziellen Darstellung begreifen.

Neben den Techniken der Distanzierung, des Innen/Außen oder der Handlungsanweisung, die vornehmlich die Relation zwischen Zuschauer und Akteur im Raum aushandeln, initiieren andere architektonische Inszenierungen theatrale Prozesse durch die Erzeugung einer spezifischen Erlebnisqualität. Herausgreifen möchte ich hier exemplarisch etwas, was man als „atmosphärische Raumdramaturgie" bezeichnen könnte. Ich zitiere aus einem Artikel der Süddeutschen Zeitung zur neuen Allianz-Arena in München: „Auf den drei […] Rängen werden die Fans fast einzeln, räumlich suggestiv, zu ihren Plätzen gezwungen. Wer seinen schalenförmigen Silberplastiksitz ansteuert, wird durch einen winzigen Auslass gespeit, auf dass der Arena-Raum beim Betreten der Ränge wie ein Naturereignis über den Besucher hereinbreche. [Hier] wird der Besucher endgültig zum Teil einer kalkulierten Raum-Dramaturgie."[4] Solches Kontrastieren von atmosphärischen Erfahrungen wie beklemmender Enge und beeindruckender Weite oder auch von Kühle und Wärme, ist im Shop- oder Clubdesign mittlerweile zur üblichen Gestaltungspraxis avanciert. Theatrale Erfahrungen ermöglicht das atmosphärische Wechselbad für den Benutzer vor allem deshalb, weil das Durchlaufen verschiedener Stimmungen ihm – in Analogie zum narrativen Spannungsbogen einer dargestellten Geschichte – die Einfühlung in eine affektive Dramaturgie ermöglicht.

Der Raum der Aufführung

An diesem letzten Beispiel architektonischer Inszenierungsstrategien wird zugleich deutlich, dass zwischen Inszenierung und Aufführung deutlich zu unterscheiden ist. Zwar wird oft versucht, eine Atmosphäre im Sinne einer gewünschten Raumerfahrung künstlich zu erzeugen, ob die Empfindung beim Besucher aber der beabsichtigten Wirkung entspricht, hängt von einer Vielzahl weiterer unplanbarer Faktoren ab. In diesem Sinne kann ein Raum seine Besucher als potenzielle Akteure inszenieren und damit eine gewünschte Aufführung intendieren, diese selbst kann jedoch nur aus der jeweils spezifischen Situation heraus emergieren. Während sich Inszenierung als eine „Erzeugungsstrategie" bestimmen lässt, sind für die Aufführung „leibliche Kopräsenz von Akteuren und Zuschauern, Emergenz der Erscheinungen und Ereignishaftigkeit konstitutiv."[5]

Diese Unterscheidung hat für die Beschäftigung mit „theatraler Architektur" wichtige Konsequenzen. Ich möchte dies abschließend anhand zweier mir im Vorfeld der Tagung „Szenische Kapazität" gestellter Fragen näher erläutern:

1. „Kann die Architektur in Analogie zum szenischen Bild des Theaters betrachtet werden?"

Dass Handlungen im architektonischen Raum durchaus sehr theatral sein können, ist selbstverständlich. Probleme bereitet mir hier jedoch die Formulierung „szenisches Bild". Im Theatralitätsdiskurs ist zwischen dem Raum der Inszenierung, den ein Bühnenbildner oder Architekt als Kulisse entwirft und dem Raum der Aufführung deutlich zu unterscheiden. Der Raum der Theateraufführung ist nicht auf das Bühnenbild beschränkt, sondern wird erst in der spezifischen Kopräsenz von Zuschauern und Darstellern erzeugt. Im Unterschied also zum szenischen Bühnenbild, ist die Räumlichkeit der Aufführung – als spezifischer Erfahrungsraum verstanden – emergent und ereignishaft. Statt des in Längen- und Breitenmaßen gegebenen architektonischen Behälters bildet sich für den Wahrnehmenden hier eine Räumlichkeit heraus, die auf einer Vielzahl höchst flüchtiger Phänomene basiert: seiner Lautlichkeit, seinem besonderen visuellen oder kinästhetischen Erlebnispotential, der spezifischen Stimmung des Ortes, der spezifischen Materialität seiner Objekte oder der dargebotenen Körperlichkeit. Der Raum der Aufführung wird also erst in der Ko-Präsenz von Dargebotenem und Wahrgenommen hergestellt.

Nähert man sich nun aus dieser theaterwissenschaftlichen Perspektive architektonischen Situationen, bedeutet dies, dass sich der Raum hier eben nicht als statisches Bild verstehen lässt, in welches der Akteur ohne Spuren zu hinterlassen eintreten kann, sondern dass auch die Räumlichkeit der inszenierten Architektur nur durch das Agieren und Beobachten der Besucher im theatralen Prozess hervorgebracht wird. Auch wenn der Steg in Vigo im eingangs erwähnten Beispiel Blicke und Bewegungsrichtungen inszenatorisch lenkt, konnte er erst durch das situative Agieren seiner Benutzer und meine darauf gerichtete Wahrnehmung seine szenische Räumlichkeit entfalten und vom Kulissenbild zum Aufführungsraum werden.

2. „Was tritt in architektonischen Inszenierungen an die Stelle des Stücks und seines Textes?"

Dies ist eine Frage, die natürlich auch innerhalb der Theaterwissenschaft seit der Avantgarde, insbesondere aber seit der Beschäftigung mit postdramatischem Theaterformen intensiv diskutiert wurde. Ihre Beantwortung ergibt sich aus dem Aufführungsbegriff. Wenn Theater nicht als Inszenierung und Darstellung eines Textes auf der Bühne verstanden wird, sondern als Interaktion zwischen Handelnden und Zuschauenden an einem gemeinsamen Ort, dann rückt damit nicht das repräsentierte Werk in den Vordergrund, sondern das Zusammenspiel aller an diesem gemeinsamen Prozess beteiligten Personen bzw. Faktoren. An die Stelle einer Stückrezeption treten hier die Perzeption von Handlungen meiner selbst und Anderer sowie die verstärkte Reflexion auf die eigene Wahrnehmung. So veranlasste die Architektur des Piers in Vigo seine Benutzer im Rahmen der situativen Konstellation zu speziellen Bewegungen und Verhaltensweisen. Im Sehen und Gesehen-Werden dieser Aufführungssituation verlagerte sich der Fokus meiner Wahrnehmung dabei auf die jeweilige Körperlichkeit und das prozessuale Zusammenspiel der Anderen als auch auf meinen eigenen Leib und seine Bewegung im Raum. Aufschluss über die theatrale Erfahrung von Architektur kann man demnach weder vom allein produktionsästhetischen Blick auf die Techniken der Inszenierung noch von der rezeptionsästhetischen Beschäftigung mit der Wahrnehmung eines architektonischen Werkes erwarten. Vielmehr bedarf es einer aufführungsanalytischen Betrachtung, die auf das Wechselspiel zwischen Akteur und Zuschauer und die Austauschprozesse in architektonischen Situationen fokussiert. Die Theatralität von Architektur lässt sich nur aus dem „Zwischen", also der Begegnung von Raum und Benutzer untersuchen. Oder anders formuliert: Wenn ich den dramatischen Text und seine Aufführung in Analogie setze zum Bauplan eines Hauses und seiner Umsetzung, dann ist auch das Gebäude immer viel mehr als sein Entwurf auf dem Papier: Es erzeugt bei seinen Besuchern eine Vielzahl von Erfahrungen und Ereignissen – und wenn ich als Theaterwissenschaftler Glück habe, dann sind diese theatral.

[1] Vgl. hierzu Erika Fischer-Lichte: Theatralität und Inszenierung, in: Dies., Isabel Pflug (Hg.): Inszenierung von Authentizität, Tübingen 2000, S. 11-27.

[2] Martin Seel: Ästhetik des Erscheinens, München 2000, S. 57.

[3] Erwin Straus: Vom Sinn der Sinne. Ein Beitrag zur Grundlegung der Psychologie, Berlin 1956, S. 335.

[4] Gerhard Matzig: Der Wall ist rund, in: Süddeutsche Zeitung, 4. 5. 2005.

[5] Erika Fischer-Lichte: Einleitung. Theatralität als kulturelles Modell, in: Dies., Christian Horn, Sandra Umathum, Matthias Warstat: Theatralität als Modell in den Kulturwissenschaften, Tübingen 2004, S. 11.

Herzog & de Meuron,
Allianz-Arena in München, 2005

**Szenographie oder die Kunst,
den Raum zum Sprechen zu bringen**
Uwe R. Brückner

Seit der Expo 2000 in Hannover ist Szenographie ein häufig gebrauchter Begriff im Bereich der Ausstellungsgestaltung. Laut Prof. Gottfried Korff bezeichnet Szenographie das Gestalten einer Themenausstellung, die ohne Originalobjekte/ Exponate auskommt oder auskommen muss, (d.h. der gesamte Inhalt wird alleine durch die Ausstellungsgestaltung vermittelt). Im Gegensatz dazu sieht er die Museographie, deren Aufgabe es ist, vorhandene Objekte als Exponate zu inszenieren.

Für mich bedeutet Szenographie oder szenographische Gestaltung die dosierte Anwendung gestalterischer Maßnahmen (Intervention), um verborgene auratische Potentiale von Objekten zur Wirkung zu bringen und komplexe oder schwer vermittelbare Inhalte im und mit dem Raum zu inszenieren. Der Begriff Inszenierung kommt vom französischen *mise en scène* und meint im usprünglichen Sinn zunächst das Inszenesetzen, d.h. die notwendigen Vorbereitungen zur Aufführung eines Theaterstückes. Gleichzeitig verwendet man den Begriff Inszenierung für die künstlerische Interpretation durch einen Regisseur. Allgemeiner könnte man Inszenieren als das wirkungsvolle Arrangieren und Präsentieren von Geschehnissen und/oder Objekten im Raum definieren.
Unabhängig davon, ob man zwischen Szenographie und Museographie unterscheiden möchte, geht es um die künstlerische Gestaltung von Rezeptionsräumen und um ein sinnfälliges Arrangement von Objekten im Raum. Dazu nutzt die Szenographie alle zur Verfügung stehenden Mittel, die dazu beitragen, eine integrative Inszenierung, in der sich Gestaltung und Inhaltsvermittlung ergänzen, mit dem Anspruch eines Gesamtkunstwerks zu erzielen. Diese sind unter anderem der Raum und seine Materialien, die auszustellenden Objekte und ihre Botschaften, Text, Grafik, Licht, Sound, Projektionen sowie autoaktive und interaktive Medien.
Der koordinierte Einsatz all dieser Mittel möglichst entlang dramaturgischer Strukturen und durchgehender Choreographien wird zunehmend auch für die klassische Architektur interessant, da vermehrt dynamische, reaktive und interaktive Elemente integriert werden sollen. In Zusammenhang mit dem sog. „Theming", also thematisch gestalteten städtischen Räumen, werden Erfahrungen aus der Szenographie auch auf die Stadtplanung übertragen. Dabei gibt es drei wichtige Gemeinsamkeiten; einmal den zu gestaltenden dreidimensionalen physischen Raum als gemeinsamen Nenner, zum anderen ein reales kollektives authentisches Erlebnis für die Rezipienten, aber auch im Gegensatz zu Film und Theater ein autarkes unberechenbares, geradezu anarchistisches Potential der individuellen Rezeption.
Selbstverständlich ist es die Absicht der Gestalter aus allen Disziplinen, den Rezipienten ein möglichst eindeutiges, unverwechselbares Angebot zu bieten. Es liegt aber in der Macht der Besucher, sowohl in einer Ausstellung als auch im Stadtraum, dieses Angebot frei und egoistisch zu nutzen, d.h. es auch grandios zu unterlaufen oder es gar zu sabotieren. Im besten Fall stellt sich der Besucher die Szenen selbst zusammen, wird selbst ein Stück weit Choreograph des eigenen Parcours, des eigenen Erlebens.

In der Ausstellungsgestaltung besteht die größte Herausforderung darin, dem Gehalt der Dinge, ihren verborgenen Ressourcen, ihren erzählerischen Potentialen auf die Spur zu kommen. Aus dieser Denk- und Arbeitsweise heraus leitet sich in Anlehnung an ein berühmtes Architekturzitat unser Credo ab – *„form follows content"*.
Die Verknüpfung der räumlichen Gestaltung mit den darin enthaltenen Informationen stellt für die Szenographie die Herausforderung dar: Der Anspruch eines Gesamtkunstwerkes. In der Ausstellungsgestaltung tritt das auszustellende Thema an die Stelle des Stückes bzw. seines Textes im Theater.

Wenn der Raum selbst zum Träger von Information wird, wenn durch Text, Grafik, Wort und Bild der Raum zum

Atelier Brückner, Themenpark Umwelt, Expo 2000 Hannover

erzählenden Medium wird, entsteht ein unmittelbarer Dialog zwischen Raum und Rezipient, entsteht eine begehbare Story.

Durch seine autarke Beweglichkeit in einer Ausstellung kann der Rezipient die Geschichte in ihrer Abfolge beeinflussen und verändern. Das Auslösen und das Erlebbarmachen, inklusive eines assoziativen Spielraums, ist Aufgabe der Szenographie.

Bei der Ausstellung „Liebe.komm", die im Museum für Kommunikation 2003 in Frankfurt stattfand, hatten wir den ganzen Ausstellungsraum mit einem Liebesroman in roter Typo bedruckt, der versteckte Zitate in grüner Typo enthielt. Die Botschaften, Liebesbriefe, Erotik und Zitate der Leidenschaft decodieren sich erst durch den Blick durch die „rosarote Brille". Durch diese subtile Ansprache und den gezielten Einsatz von Texten als Botschaften und deren Anordnung in der Ausstellung als Leitsystem zur Besucherführung wird der Rezipient Teil der Inszenierung. Die Story, die Narration selbst, generiert die Szenographie.

Je komplexer der Inhalt, umso wichtiger ist ein entsprechend attraktiver inhaltsadäquater Zugang. Das heißt nicht nur, Schwellenängste zu vermeiden (wie beispielsweise vor zu langen Texten), sondern auch Interesse für vermeintlich langweilige Themen zu wecken, um so den Zugang zu sperrigen Inhalten zu erleichtern.

Üblicherweise kann von einem Buch nur eine Doppelseite ausgestellt werden. Der ganze Rest wird dann meist in eine prosaische Zusammenfassung gepackt. Der größte Teil des Inhalts und der Gesamteindruck bleiben so verborgen. Auf Schloss Dyck wurde für die „Ausstellung zur Gartenkunst" ein kompletter Raum aus den von Fürst Joseph verfassten Büchern generiert. Die Originale, konservatorisch optimal versorgt, waren prominent in der Mitte des Raumes platziert, umgeben von der Reflektion der eigenen Aura in Form sämtlicher Seiten als hinterleuchtete Faksimiles; mit dem Effekt, dass die Besucher sich im Durchschnitt ca. 20 Minuten durch den Raum lesen. Mit diesem szenographischen Kunstgriff wird Lesen zum explorativen Erlebnis und nicht zur ermüdenden Pflicht.

Raum fördert im Allgemeinen den Kontakt zwischen Content und Subjekt. Die Aufgabe von Kuratoren und Gestaltern ist es, (besonders komplexe) Inhalte mittels gestalterischer Elemente und Interventionen zu codieren. Die Inhaltsvermittlung erfolgt dann über reaktives oder interaktives Decodieren dieser gestalterischen Chiffren (Schlüssel für die Rezipienten).

Ein wichtiger, oft als rein emotionaler Zugang missverstandener Raumparameter ist dabei die Raumatmosphäre. Durch das Herstellen entsprechender Raummilieus mittels assoziativer Raumbilder wird der Zugang zu komplexen Themen erleichtert, die Affinität der Besucher zu vermeintlich uninteressanten oder komplexen Themen gefördert. Durch die Nutzung der atmosphärischen Aggregatzustände des Raumes kann selbst das nicht Ausstellbare erlebbar gemacht werden. Es entsteht im besten Falle eine Dialektik zwischen dem Objekt, der Raumatmosphäre und dem zu transportierenden Thema. Der empfundene Raum unterstützt die Bereitschaft, sich Inhalten intuitiv und explorativ zu nähern statt nur über die kognitive Erfahrung.

Wie das Expo.02-Projekt „Grenzen (er)leben" zeigt, kann mit dramatisierten begehbaren Installationen sogar das eigentlich nicht Ausstellbare erlebbar gemacht werden.

Grundsätzlich lassen sich die Erfahrungen aus der Szenographie auch auf die Architektur und die Stadtplanung übertragen. Aus Inhalten entwickelte Räume generieren Architekturen, die sinnfällig und selbstbewusst ihre Bestimmung transportieren können. Das Projekt „Innovarium", ein modernes Science Center für nachhaltige Ressourcennutzung, dessen Gebäudestruktur ein Stück begehbare Topografie mit integrierten Forscherlaboren bildet, zeigt innovative Ar-

Atelier Brückner,
Liebe.komm – Botschaften der Liebe, Frankfurt 2003
Ausstellung zur Gartenkunst Schloss Dyck, Jüchen 2003

chitektur jenseits funktionaler und formaler Bedingungen als „Rezeptionsraum" vermittelnswerter Inhalte.

Dramaturgische Analogien der Szenographie in Theater und Film, wie eine entsprechende Gliederung, der Aufbau von Spannungsbögen und die Synchronisation aller Elemente im Sinne einer durchgehenden Choreografie, können genauso für die inszenatorische Gestaltung architektonischer Räume genutzt werden. Inszenierenswerte erzählerische Potentiale lassen sich in vielen architektonischen Gestaltungsaufträgen finden und gerade städtische Räume bieten hier eine Menge an verborgenen Ressourcen. Letztlich sollte man sich dabei aber immer der Tatsache bewusst bleiben, dass gelungene, wirkungsvolle Inszenierungen nicht zuletzt eine Frage der angemessenen Dosierung szenographischer Mittel und deren strategischem Einsatz sind.

Atelier Brückner, Grenzen (er)leben, Expo.02, Biel 2002

Innenansicht

Erlebnis und Erfahrung:
Die Bedeutsamkeit räumlicher Situationen

Geist, Körper, Raum
Architektur als szenisches Symbol
Thorsten Bürklin

Das Sprechen über Architektur erweist sich rasch als kompliziert, wenn man versucht, sich über die mit ihr und in ihr gemachten Erfahrungen begrifflich Rechenschaft abzulegen. Sogleich stehen sich ideologische Positionen gegenüber, die – in der Hitze der Diskussion – zum einen den „Praktikern" und zum anderen den „Theoretikern" zugerechnet werden. Dann wird dem Vorwurf, dass man mit Begriffen (und man meint damit: Definitionen) einer ästhetischen Erfahrung niemals gerecht werden könne, der Verdacht entgegengehalten, dass das Fühlen und die Intuition, auf sich gestellt, nicht in der Lage wären, ein Verständnis für das Erfahrene zu erzeugen, da sie sozusagen „sprachlos" blieben. Als Zankapfel entpuppt sich das „Wort", dessentwegen man doch (zu einem Symposion) zusammenkommt, um gemeinsam etwas über die mögliche Kraft der Erfahrung von Architektur und die Bedeutsamkeit räumlicher Situationen herauszubekommen. Bald ist die Verwirrung dann komplett, da nicht nur „konkurrierende" Sprachebenen – die Architektur einerseits und die darüber sprechende gesprochene Sprache andererseits – im Spiel sind; überhaupt fällt es seit der poststrukturalistischen Fragmentarisierung der Welt schwer, Bedeutungen als Basis von Wahrheitsfindung geltend zu machen.

Was dennoch bleibt, ist die Erfahrung von Architektur, die uns mitreißen kann und unsere Aufmerksamkeit an sich bindet – lediglich die Schlüsse, die wir daraus ziehen, sind umstritten. Vielleicht aber lässt sich die (begriffliche) Hürde, welche das Sprechen über Architektur mit sich bringt, durch eine (wiederum begriffliche) Annäherung an ästhetische Phänomene umgehen, wie sie Hans-Georg Gadamer in einer kleinen Schrift über „Die Aktualität des Schönen"[1] versuchte. Dort nannte er als die zentralen Merkmale eines Kunstwerks (und er zählte das Bauwerk durchaus dazu) drei Wirk- und Funktionsbereiche, die er durch die Begriffe Spiel, Symbol und Fest charakterisierte. Vor allem die Reflexion auf das Symbol ist dabei geeignet, begriffliche Beschränkungen (und Definitionen) aufzulösen und dadurch Erfahrungsstrukturen im Umgang mit Architektur und gebautem Raum offen zu legen. Denn das Symbol – wie Gadamer es beschrieb – meint nicht nur einen zeigenden Verweis auf andere Bedeutungen, in dem Sinne, dass ein Dargestelltes lediglich der Platzhalter für ein Anderes, nicht Anwesendes wäre. Das Symbol spielt stattdessen immer auch auf eine Präsenz an, auf eine Realisierung in der aktuellen Wirklichkeit. Und schon ist man mittendrin im Erlebnis und der Erfahrung von Architektur!

„Was heißt Symbol? Es ist zunächst ein technisches Wort der griechischen Sprache und meint die Erinnerungsscherbe. Ein Gastfreund gibt seinem Gast die sogenannte ‚tessera hospitalis', d.h., er bricht eine Scherbe durch, behält die eine Hälfte selber und gibt die andere Hälfte dem Gastfreund, damit, wenn in dreißig oder fünfzig Jahren ein Nachkomme dieses Gastfreundes einmal wieder ins Haus kommt, man einander im Zusammenfügen der Scherben zu einem Ganzen erkennt. Antikes Passwesen: Das ist der ursprüngliche technische Sinn von Symbol. Es ist etwas, woran man jemanden als Altbekannten erkennt."[2] Das Symbol bezeichnet also eine Erfahrungssituation, in der zueinander gehörende Dinge zusammenfallen. Damit ist eine Wiedererinnerung (oder ein Wiedererkennen) verbunden, die im Falle der symbolischen Erfahrung des (Kunst- oder) Bauwerks nicht ein Kramen in der Vergangenheit oder den Jenseitsblick in eine metaphysische Ordnung meint. Stattdessen wird damit ein anderer Sachverhalt betont: Jedes Erlebnis bezieht sich darauf, dass das Erfahrene etwas anstößt, das in uns „wiedertönt", da wir uns angesprochen fühlen. Die zuweilen intensive Erfahrung von Architektur lebt davon, indem sie auf miteinander verwobenen (sprachlichen und vorsprachlichen) Erfahrungsebenen ein abrufbares „Wissen" von Raum, Bildern, fremden Körpern und dem eigenen Leib in Anspruch nimmt – und damit in der konkreten Erfahrungssituation für sich einnimmt.

Eine dieser Ebenen geht mit Gewissheit auf die vielfachen kulturellen und sozialen Prägungen zurück. Wenn man von Architektur als einer symbolischen Kunst spricht, fällt dieser Bereich sofort ins Auge. Gesellschaften haben zu gewissen historischen Epochen formale und inhaltliche Festlegungen getroffen, die als Traditionen bis in entfernte Zeiten nachwirken. Auch die Erfahrung von Architektur bzw. gebautem Raum ist nicht von dem „Wissen" zu trennen, das man individuell von Räumen in einem gegebenen Kulturkreis erlangt, indem man diese Räume alltäglich um sich hat oder da man sie und ihre Geschichte explizit studiert. Dabei ist es hinsichtlich des Raumerlebens zunächst gleichgültig, ob (und inwieweit) solch ein „Wissen" (durch Wissenschaft) versprachlicht werden konnte oder ob man sich auf eine Art mehr oder weniger unreflektierter Routine bezieht, welche – wenn überhaupt – die Alltagssprache zur Hilfe nimmt, um die Lebens- und Handlungsfelder zu ordnen. Was die symbolische „Wiedererinnerung" hier leistet, kann auf beide Bereiche bezogen werden: Einerseits auf die begriffliche (theoretische) Einordnung von Architektur in beispielsweise ein Wissen um die Bau- und Stadtgeschichte und andererseits auf das unmittelbare Sich-Zurechtfinden in einer räumlichen Situation, die keine besonderen Rätsel aufgibt, da man in ihr, aufgrund der Erfahrungen des bisherigen Lebens, „zu Hause ist". (Das Symbolische an der Architektur kümmert sich daher nicht um den Streit zwischen „Theoretikern" und „Praktikern". Es setzt auf einer ganz anderen Ebene an: Und zwar dort, wo es um das – harmonische oder disharmonische – Zusammenfallen des individuellen Erfahrungshorizonts mit einem architektonischen Umfeld geht.)

Klarer wird die solchermaßen verstandene symbolische Funktion von Architektur, wenn man sich einmal der leiblichen Raumerfahrung zuwendet, die zunächst nicht im Verdacht steht, das ästhetische Erleben begrifflich zu verzeichnen. Denn eine der grundlegenden Bedingungen räumlicher Erfahrung besteht nun einmal darin, dass der Mensch mit seinem Leib (d.h. mit Geist und Körper) eine Architektur erlebt. Dieses Erleben zeichnet sich dadurch aus, dass das bauliche Umfeld „an uns herantritt" und uns dabei ein Verhalten abverlangt. Man kann hier nicht in den Verhältnissen von Aktion und Reaktion sprechen. Der architektonische Raum und der Raum des menschlichen Leibes erzeugen gemeinsam das, was man eine räumliche Situation nennen könnte[3], da beide Seiten (als ursprüngliche Gründe) an der Produktion von Bedeutung, Sinn und Zwecken beteiligt sind. Das Verstehen einer solchen Situation wird jedoch nicht a posteriori reflexiv hergestellt (wohl kann man es durch Nachdenken und sprachliche Beschreibung[4] für die Zukunft sichern); vielmehr geschehen Bedeutung, Sinn und Zwecke als ein konkretes Raumerlebnis, als die sich ereignende Erfahrung von Raum. Bedeutsamkeiten räumlicher Situationen sind uns sozusagen „auf den Leib geschrieben", der sich im Raum als ein Verstehender (oder Missverstehender) bewegt, indem er sich – er kann gar nicht anders, denn er ist „ganz" davon eingenommen[5] – damit auseinandersetzt.[6] Man kann daher erneut von „Wiedererinnerung" sprechen: der „Wiedererinnerung" des Leibes an seine Gemeinschaft mit dem (architektonischen) Raum, die durch Krankheit zerrüttet oder „vergessen" werden kann, uns ansonsten aber keinen Moment lang verlässt. Die Architektur ist Symbol, da sie das Zusammentreffen, das Sich-Vereinigen (*symballein*) von Mensch und Raum in Szene setzt.

Das dabei (oder besser: darin) Erlebte kann jedoch – ebenso wenig wie die ästhetische Erfahrung im Allgemeinen – in keinem Fall auf ein sprachloses, nicht mitteilbares Gefühl oder Empfinden reduziert werden. Ganz abgesehen davon, dass uns bereits die Stellung und Haltung von Körpern deutbare und aussprechbare Nachrichten vermitteln, gehört zum Menschen als geistigem Körperwesen (in all seinem Tun) das „Wort". Nur muss man darunter nicht sogleich den definitorischen (und diktatorischen) Begriff verstehen, der aufgrund seines systematischen Abstraktionsgrades natürlich weit von der Erfahrungswelt entfernt ist (obwohl er uns zuweilen, wie etwa bei der wissenschaftlichen Einteilung der Welt in Himmelsrichtungen, Breiten- und Längengrade, die Orientierung erleichtert). Schon der onomatopoetische Ausdruck oder Ausruf erläutert einen Sinnzusammenhang, der in eine Situation hinein „ausgesprochen" und von Zuhörern auch verstanden wird. Entsprechend gehören Worte zu einer räumlichen Situation, die niemals stumm ist (in der nur vielleicht gerade nicht gesprochen wird). Ein alltagssprachlicher Kommentar, zwei, drei Worte, die eine Situation beschreiben, stehen nicht außerhalb derselben, machen keine Aussage über etwas, an dem sie nicht Anteil nehmen würden. Der „rechte" Begriff, der „sitzt"[7], ist aus dem gemeinschaftlichen Miteinander von Geist, Körper, Raum (bzw. Architektur) nicht wegzudenken. Das Wort selbst gehört zur Vielfalt der Eindrücke, die es symbolisch zusammenführt und auf den Punkt bringt.

In diesem Sinne ist Architektur ein szenisches Symbol, da sie nicht nur die Kulissen für unser Tun und Handeln bereitstellt. Stattdessen ist sie selbst eine „Erinnerungsscherbe", welche durch unsere leibliche Präsenz und das Wort komplettiert wird. Ein „Stück" entsteht nur dann, wenn Geist, Körper und Raum „zusammenklingen" und dabei Bedeutungen, Sinn und Zwecke erzeugen und bestätigen. Auch in einer zersplitterten Welt trifft diese Aussage wenigstens für die Binnenstruktur aller Fragmente, d.h. Teilstücke zu. Im architektonischen Raum treffen wir (unser Körper und unsere Sprache) auf einen Altbekannten – auch dann, wenn er uns enttäuscht oder zunächst fremd erscheinen mag. Aus didaktischen, analytischen, ideologischen Gründen kann man diese Bekanntschaft (im Streit zwischen „Praktikern" und „Theoretikern") verneinen. Ansonsten realisiert das räumliche Erleben genau dies: Eine Erzählung und zugleich ein Erzähltes zu sein, das die Totalität unserer Sinne und unseres Geistes anspricht.

[1] *H.-G. Gadamer: Die Aktualität des Schönen. Kunst als Spiel, Symbol und Fest, Stuttgart 1977.*

[2] *Ebd. S. 41/42. – Der Begriff Symbol bezieht sich auf das altgriechische Verb symballein und bedeutet u.a.: versammeln, zusammentreffen, begegnen, sich vereinigen.*

[3] *Vgl. J. Hasse: Erfahrung durchs Erlebnis? Erlebnis-Architektur im selbst- und weltbezogenen Denken, in diesem Band, S. 36-47.*

[4] *Zur Funktion der Beschreibung, mit der ein Erfahrungseindruck durch das klärende Wort benannt wird, vgl. A. Hahn: Eindruck und Wirkung: Erfahrung machen mit Architektur, in diesem Band, S. 48-51.*

[5] *Vgl. J. Hasse, a.a.O., wo die Ganzheit der Bezüge und die daraus folgende Bedeutsamkeit des Erlebens angesprochen werden.*

[6] *Vgl. H.-G. Gadamer, a.a.O., S. 60 über die Erfahrung von Architektur: „Da muß man hingehen und hineingehen, da muß man heraustreten, da muß man herumgehen, muß sich allmählich erwandern und erwerben, was das Gebilde einem für das eigene Lebensgefühl und seine Erhöhung verheißt."*

[7] *Vgl. A. Hahn, a.a.O., S. 49.*

Erfahrung durchs Erlebnis?
Erlebnis-Architektur im selbst- und weltbezogenen Denken
Jürgen Hasse

In den 1990er Jahren hat sich in Architektur, urbaner Lebenskultur, Freizeit und einer Reihe weiterer gesellschaftlicher Bereiche eine Entwicklung vollzogen, die der Soziologe Gerhard Schulze[1] mit dem Begriff der ›Erlebnisgesellschaft‹ etikettierte. Die sozialwissenschaftlichen Versuchungen dieses neuen „Labels" waren groß, alles in die soziologisch vordefinierte „Schublade" einer neuen Kultursoziologie der Gegenwart einzuordnen, was nicht unter dem „Joch" bitteren Lebensernstes stand. Das Erlebnis erhielt den Stempel des Oberflächlichen, Unreflektierten und Konsumistischen. Schulzes Analysen spiegelten einen breiten gesellschaftlichen Trend wider, der in den westlichen Industriegesellschaften eine Geisteshaltung hervorbrachte, die sich – nicht ohne Zynismus – auch als ‚hedonistisch-postkritische Lethargie' bezeichnen ließe. Nach dem Aufbau der Nachkriegsgesellschaft, einer um die 1970er Jahre rumorenden Kritik der ›Kulturindustrie‹[2] und einer daraus folgenden Überwindung traditioneller Lebensformen war eine Zeit des Genusses gekommen. Deren Gegenstand waren neben Gütern und Dienstleistungen nun vermehrt die Subjekte selbst. Das Bedürfnis nach lustbetonter Affektintensität setzt neue Maßstäbe für einen Konsumtyp, dessen Zweck die Inszenierung des eigenen Selbst ist. Ein abgeklärtes Bürgertum wird einer ehemals kritischen Achtsamkeit gegenüber gesellschaftlichen Prozessen zunehmend gleichgültig. Nicht nur die junge Generation identifiziert sich mit lustorientierten Lebensprinzipien.

Zum Begriff des Erlebnisses
Ein Erlebnis ist ein subjektives Gefühlsereignis. Wer das Erlebnis sucht, strebt nach einer situativen Lebenssteigerung, nach einer Verschönerung des Lebens. Die von den einen gesuchten und den anderen inszenierten Erlebnisse zielen auf eine affektiv mindestens zustimmende, meist aber lustvoll genießende Teilhabe. Hedonistische bis narzisstische Züge sind für die kulturindustriell inszenierten Events eher typisch als randlich. Wer das Erlebnis sucht, muss sich in einer Stimmung befinden, die auf Lustgewinn durch Teilhabe disponiert ist; das Erlebnis hat einen konstruktivistischen Charakter.[3] Ronald Hitzler definiert Erlebnisse oder „Events" als herausgehobene „raum-zeitlich verdichtete, performativ-interaktive Ereignisse", die im „spät-, post- bzw. reflexiv-modernen Alltag" eine hohe Anziehungskraft für relativ viele Menschen haben.[4]

Die Architektur lieferte ihren Beitrag zu dieser kulturellen Entwicklung, die nicht zuletzt einen neuen Markt mit großem Investitions- und Umsatzvolumen hervorbrachte. Es waren aber nicht allein die neuen Kathedralen der „Freizeitgesellschaft", die der Architektur ein neues Aufgabenfeld sicherten. Indem das Erlebnis in den „emanzipierten" westlichen Gesellschaften zu einem ubiquitären Prinzip avancierte, war die Architektur überall dort involviert, wo das eventistische Lifting nur funktionaler Stätten anstand.

Mit dem Begriff des Erlebnisses verbindet sich heute ein breites Spektrum von Veranstaltungsformen. Wenn Events in den 1990er Jahren auch als *ein* Erkennungsmerkmal der Postmoderne galten, wäre es in der Sache verfehlt, das Erlebnis schlechthin als eine Errungenschaft der Postmoderne zu begreifen. Die Kulturgeschichte des Erlebnisses beginnt weit früher. Dilthey[5] wie Gadamer[6] zeigen, dass das Erlebnis in seiner verinselten, von Realitätsverflechtungen entrückten, punktualisierten und aus dem Fluss des Erlebens herausgeschälten Form eine anthropologische Kategorie ist. Aufgrund ihres anthropologischen Charakters sind Erlebnisse zum einen gegenüber Interessen neutral. Zum anderen eignen sie sich gerade wegen dieser Offenheit gegenüber jedwedem Inhalt in besonderer Weise als Medien der Kulturindustrie. Deshalb kann die Inszenierung von Erlebnissen auch Aufgaben der Vergesellschaftung erfüllen. Dies war zu allen Zeiten der Fall. Erlebnisinszenierungen dienten stets einem Zweck, der mit Unterhaltung nur indirekt zu tun hatte. In erster Linie folgten sie einer Logik gesellschaftlicher Systeme, dienten Interessen von Macht und Herrschaft, die vom schönen Schein des Erlebnisses verdeckt blieben. Das Erlebnis der Gladiatorenkämpfe hatte im römischen Reich dank des ins lustvolle Erlebnis codierten Imperativs der Disziplinierung eine systemstabilisierende Funktion. In einer ähnlichen Ambivalenz dürften die öffentlichen Hexenverbrennungen im Mittelalter als Unterwerfungs-Medien zum Machterhalt der Kirche beigetragen haben. Die technologiebedingten Entfremdungen zu Zeiten der Industrialisierung fanden am Anfang des 20. Jahrhunderts ein entlastendes Moment in der literarischen Inszenierung von Erlebnissen. Die in der Gegenwart noch boomende Karriere des Erlebnisses dürfte schließlich wichtige Gründe in der psychologischen Kompensation individueller wie kollektiver Krisenwahrnehmungen haben. Die auf kultureller Ebene für den Massenkonsum evozierte Lust am Erlebnis geht in ihrem Sinn auf einer individualistischen Ebene *nicht* auf. Sie hatte und hat in erster Linie eine sozialpsychologische Pointe der Kompensation von Defiziten. Was Michal Hvorecký über die sozialen Folgen der schnellen Ausbreitung des Fernsehens in der Slowakei sagt, lässt sich in gewisser Weise auf die Erlebnisgesellschaft übertragen: „Anstelle der Bürgergesellschaft entwickelte sich ein Zuschauervolk, das passiv ein stumpfes Lachen empfängt, welches man zur Hauptsendezeit übermittelt."[7]

Den kulturgeschichtlichen Dimensionen des ›Erlebnisses‹ will ich an dieser Stelle nicht nachgehen.[8] Vielmehr soll die Frage im Mittelpunkt stehen, unter welchen Bedingungen Erlebnisse, an deren Konstituierung die Architektur ihren Anteil hat, zum Anlass für Erfahrungs-Prozesse werden könnten, sich das anästhesierende Potential der Verführung zum Selbstgenuss in eine selbst- und weltbezogene Kritik wenden und damit in die Tradition der Aufklärung zurückfinden könnte.

Die Rolle der Architektur in der Produktion von Erlebnis-Bühnen
Indem Architektur an der Herstellung menschlicher Umwelten mitwirkt, kommuniziert sie Bedeutungen. Diese werden aber auch ohne die Mitwirkung der Architektur gemacht. Gängige Praxis ist dies, wenn Bauingenieure Brücken bauen, Architekten Häuser planen, Gärtner Landschaften bepflanzen und die so erzeugten ästhetischen Wirklichkeiten *kein* zentraler Gegenstand selbstreflexiver Überlegungen sind. Im Unterschied zu technizistischen Herstellungszünften zeichnet sich die *professionelle* Architekten-Rolle durch ein ausgeprägtes ästhetisches Bewusstsein aus. Mehr noch – der Architekt trägt eine diskursive Verantwortung. Aufgrund seines fachlichen Könnens steht er gegenüber einer kritischen Öffentlichkeit in einer Rechenschaftspflicht. In diesem Rahmen geht es nicht um die feuilletonistische Plazierung architektur-"kritischer" Klischees. Fachliches Können verlangt die Kompetenz zur Absteckung eines qualitativ weiten diskursiven Feldes, innerhalb dessen über funktionale wie narrative Momente einer Inszenierung gestritten werden kann. Einen solchen Diskursrahmen für plurale Formen kultureller Aneignung von Architektur können Architekten und Architektinnen aber nur abstecken, wenn sie sich der Implikationen und Voraussetzungen ihres ästhetischen Handelns bewusst sind, diese sprachlich zu benennen und diskursiv der kritischen Reflexion gegenüber zu öffnen in der Lage sind.

Architektur überschreitet die rein utilitären Zünfte darin, dass sie nicht nur im engeren Sinne „nützliche" Funktionen macht, sondern in diese Funktionen Bedeutungen einschreibt, Gebrauchs-Objekte also als ästhetische Gestalten und Kommunikationsmedien in die Welt setzt. Praktiken der Herstellung von *Bedeutung* und Bedeutungsfamilien können nur auf der Grundlage eines kommunikationsfähigen Verständnisses von Bedeutung reflektiert werden. Wer keinen Begriff von Bedeutung hat, kann nichts über Bedeutungen sagen, noch nicht einmal über die selbst erzeugten. Der Begriff der Bedeutung ist erkenntnistheoretisch umstritten. Unterschiedliche Begriffe haben je eigene Konsequenzen für die Definition von Aufgaben der kritischen Reflexion von Architektur. Einem semiotischen Verständnis von ›Bedeutung‹ zufolge steht der zeichenhafte Gehalt von „etwas" im Mittelpunkt. Ein Bauwerk, ein Garten oder eine atmosphärische Inszenierung wird in diesem Verständnis als „Text", als sondersprachliche Aussage aufgefasst.[9] Das engt den diskursiven Rahmen, in dem über Architektur gestritten werden kann, auf ein geistig-intellektualistisches Verständnis von Bedeutung ein. In der phänomenologischen Perspektive kommt dagegen die (sinnliche) Anschaulichkeit eines ästhetischen Produktes in den Blick. Heidegger, der beispielhaft für diese Sicht steht, spricht dann vom *Ganzen* der Bezüge. Im Kern dieser Ganzheit liegt die *Bedeutsamkeit*.[10] ›Bedeutsamkeit‹ ist aber ein anderer Begriff als der der ›Bedeutung‹[11]. Während Bedeut*ung* auf eine Abgeschlossenheit verweist, schließt der Begriff der ›Bedeutsamkeit‹ ein Bedeutung tragendes und generierendes Verständnis ein, in dem gleichzeitig eine pathisch-vitale Seite des Bedeutung-Erlebens mit anklingt. Diese Verklammerung der Objektseite einer Bedeutung mit ihrer lebendigen Subjektseite bringt Heidegger mit dem Begriff der Bedeutsamkeit zur Geltung: „Das Bezugsganze dieses Bedeutens nennen wir die *Bedeutsamkeit*."[12] Auch in der Phänomenologie von Hermann Schmitz ist ein auf Ganzheiten verweisender Begriff von Bedeutung bzw. Bedeutsamkeit zentral. Bedeutung liegt auch in diesem Verständnis nicht in Einzelnem; ebensowenig gibt es einzelne Dinge gleichsam „für sich". Ich werde im Folgenden von einem phänomenologischen Verständnis von Bedeutung/Bedeutsamkeit ausgehen. Damit stellt sich die Aufgabe einer Reformulierung der Frage, welchen Rahmen die Architektur(theorie) abzustecken hat, um einen kulturkritischen Diskurs zu ermöglichen, in dem über Funktionen und Erzählstrukturen – als Bedeutungen – von Architektur gestritten werden könnte. Im Zentrum steht somit neben der semantischen Frage nach Sinn und Inhalt die phänomenologische Frage nach der *Generierung* von Bedeutung durch situatives Erleben.

Architektur schafft Erlebnis-Bühnen. Dabei muss sie sich nicht (ausschließlich) fester Stoffe bedienen, muss nicht allein *materielle* Körper in den euklidischen Raum stellen. Wenn sie Plätze als Frei-Flächen gestaltet, dann zeichnet sich solche Gestaltung nicht nur durch den Verzicht auf körperlich-materielle Baustoffe, sondern durch die Kompetenz zur atmosphärischen Überschreibung eines Ortes aus. Deshalb werden solche Räume auch insbesondere affektiv *erlebt* beziehungsweise mit dem programmatischen Anspruch der Herstellung eines Genius Loci – eines Ortes dichter Bedeutsamkeit – *gemacht*. Auch der Einsatz von Licht zum Zwecke der Illumination ephemerer Räume setzt auf atmosphärische Gestaltungskompetenz[13]. Wie die *Weite* eines Platzes ist die Höhe eines Wolkenkratzers nicht nur eine mathematische Dimension. *Höhe* kommuniziert kulturelle Bedeutsamkeit.[14] Das Gefühlswissen um konkretes Höhe-Erleben (aus der Höhe wie vom [niederen] Boden) dürfte eine Voraussetzung für die Verstehbarkeit entsprechender kultureller Bedeutungen sein.

Das phänomenologische Verständnis von Bedeutung führt unmittelbar auf den Begriff der Situation. Jeder Eindruck stellt sich erst aus dem Rahmen einer Situation als bedeutsam dar. Das gilt für die Perspektive der Produktion wie die der Rezeption. Jeder Bau wie jeder Park, jede Illumination wie jede Fassade wird ja aus der Perspektive der ästhetischen Planung stets für eine bestimmte (vitale) Situation beziehungsweise einen Situations-Typ gedacht und gemacht.

Auch für die lebensweltliche Aneignung von Architektur gilt, dass sie immer im Rahmen einer Situation geschieht – ganz gleich ob sie dinglich-materiellen oder ephemeren, immateriellen und höchst flüchtigen Charakter hat. Der Blick auf die Implantiertheit von Bedeutungen in Situationen ist unter aktuellen gesellschaftlichen Bedingungen insbesondere deshalb erkenntnisvermittelnd, weil Bedeutungen gleichsam von zwei Seiten aufgeweicht beziehungsweise verflüssigt werden, um sodann wieder in veränderten Situationen aufgehen zu können. Von der einen Seite entfaltet die postfordistische Ökonomie flexibilisierte Strukturen der Produktion, die auf der komplementären Seite der postmodernen Kultur in hoher Bereitschaft für plurale Gültigkeiten und Lebensstile ihr funktionales Äquivalent finden. Ohne Bereitschaft zur Flexibilisierung biographisch relevanter Werte und Normen keine Akzeptanz flexibilisierter Steuerungs-Normen gesellschaftlicher Teilsysteme. Postmoderne und Postfordismus greifen deshalb als zwei Seiten einer Medaille ineinander und bereiten den Nährboden für eine Erlebnisökonomie, deren Bühnen in systemtheoretischer Sicht mehr der Differenzierung politischer und ökonomischer Strukturen dienen als – gleichsam zweckfrei – einem nur individuellen (Lifestyle-) Bedürfnis. Aus der Logik der Kulturindustrie stellt sich deshalb auch noch nicht einmal im Ansatz eine Aufgabe der Vermittlung von Erfahrung durch Erlebnisarchitektur. Kulturindustrie setzt auf stummes Einverständnis der Individuen mit allem. Die Erlebnis-Medien sollen vielmehr die Ebene der nach-denkenden Reflexion qua *unbewusster* Praktiken der Einverleibung überspringen. Erst unter der normativen Voraussetzung eines vitalen Interesses an subjektiver Unverfügbarkeit kommt auch ein Interesse an Erfahrung in den Blick. Da Architektur keine sprachlichen, sondern begehbare Welten – hodologische Räume, wie Bollnow sie nannte[15] – konstituiert, hätte Erfahrung an einem Punkt der *Nichtsprachlichkeit* anzusetzen. Man könnte Architektur als reine Situationen bezeichnen, zu deren „Verstehen" Sprache erst auf der Ebene der Explikation erlebter Eindrücke nötig wird.

Ein sich der Aufgabe der Gestaltung des „Nichts" im physikalischen Sinne besonders bewusster Städteplaner war Camillo Sitte. Im ›Städtebau nach seinen künstlerischen Grundsätzen‹ aus dem Jahre 1889 setzte er sich ausführlich mit der Herstellung raumästhetischer Wirkungen auseinander. Sein Interesse kreiste um „Raum, Wahrnehmung und Empfindung"[16]. Die Gestaltung atmosphärischer „Leer"-Räume auf Plätzen war ein zentrales Thema. Ähnliche Akzente setzte auch Raymond Unwin, der durch seine im Jahre 1910 erschienenen ›Grundlagen des Städtebaues‹ bekannt wurde. Auch er hatte ein Gespür für den atmosphärischen Charakter von Plätzen im Raum der Stadt.[17] Bis in die aktuellen Debatten um Stadtwahrnehmung und Stadterleben zieht sich der Faden dieser Aufmerksamkeit, die mehr auf Situationen, denn auf Einzelnes gerichtet ist. Alban Janson und Thorsten Bürklin merken in diesem Sinne an, Stadtraum werde weniger gegenständlich als ereignishaft erfahren.[18]

Was ist eine Situation?
Schon die Alltagssprache stellt mit dem Begriff der Situation einen „bezug auf verschiedene lagen, verhältnisse, gruppierungen …" her.[19] Eine systematisch differenzierte Definition, die an diesem Verständnis ansetzt, findet sich bei Hermann Schmitz. „Aller menschliche Umgang mit einzelnen Sachen und Themen beruht demnach auf einem Verhältnis zu Bedeutungen, die in chaotischer Mannigfaltigkeit der Einzelheit von etwas zu Grunde liegen."[20] Schmitz wird dem Umstand situativen Eingewickeltseins von Sachen und Themen mit dem Begriff der „chaotischen Mannigfaltigkeit" gerecht. Damit spricht er nicht nur Mannigfaltigkeit im Sinne von Vielfalt an, die man sich noch als eine übersichtliche Ordnung vorstellen könnte. Gemeint ist vielmehr eine Mannigfaltig-

keit, die durch „Unentschiedenheit hinsichtlich Identität und Verschiedenheit"[21] gekennzeichnet ist. Mannigfaltige Bedeutsamkeit changiert also in ihrem intensionalen Bereich. Nach Schmitz sind „Situationen ... die primären Heimstätten, Quellen und Partner allen menschlichen und tierischen Verhaltens"[22]. Bedeutungen kommen in dieser Perspektive auf drei Ebenen vor: der der „Sachverhalte (dass etwas ist, überhaupt oder irgendwie), der Programme (dass etwas sein soll oder möge) und der Probleme (ob etwas ist)."[23] Sachverhalte, Programme (und oft aber nicht immer auch Probleme) konstituieren eine Situation.

Sachverhalte begründen sich mit jedem Vorhandensein, das durch Verschachtelung mannigfaltig sein kann. Zum Sachverhalt eines Platzes gehört nicht nur der „leere Raum", der den Platz im engeren Sinne ausmacht, sondern die bebaute Umgebung, ohne die es keinen „leeren" Zwischen-Raum gäbe.[24] Zur Sachverhaltlichkeit gehört aber nicht nur, was sich auf der Objektseite (hier: dem Platzraum in der Stadt) beschreiben lässt. Zur Situation gehört ebenso mindestens *eine* konkrete Person, die in einer spezifischen Gestimmtheit auf den Platz tritt und dessen Atmosphäre in einer bestimmten Weise erlebt; dies nun – abhängig von der individuellen Stimmung – *mit* oder *ohne* gefühlsmäßige Betroffenheit vom räumlich ausgedehnten Gefühl der Atmosphäre des Platzes. Deshalb unterscheidet Schmitz zwischen einer Situation auf der Objektseite und einer Situation auf der Subjektseite. Für einen die Stadt durchstreifenden Passanten dürfte letztere in den meisten Fällen den Charakter einer „persönlichen Situation" haben. Wer aber in einer geführten Gruppe an den Platz (in einer didaktischen Absicht und in einer bestimmten Perspektive) herangeführt wird, befindet sich im Unterschied dazu in einer „gemeinsamen Situation".[25] Der Situationsbegriff wird nun folgerichtig insofern noch einmal komplexer, als Schmitz auf die Verschachtelung von Situationen aufmerksam macht. So sind Situationen auf der Subjektseite auch auf Situationen auf der Objektseite bezogen und umgekehrt. Zum Beispiel steht der Umstand einer Körperbehinderung, der die Bewegung einer Person stark einschränkt, als Sachverhalt auf der Subjektseite schon dadurch zu dem (objektiven) Sachverhalt eines Platzes in einer notwendigen Beziehung, dass die im Rollstuhl sitzende Person ihre Bewegung ausschließlich an den ebenen Flächen des Platzes orientieren kann.

Am Beispiel des Erlebens von Plätzen lässt sich ein weiteres Merkmal von Situationen aufzeigen. Wer sich aus gewisser Distanz einem Platz nähert, sieht durch einen Häuserspalt zunächst vielleicht nur eine lichte Stelle im Raum, die sich erst bei weiterer Annäherung als Platz herausstellt. In der augenblicklichen Gegebenheit einer Situation unterscheidet Schmitz deshalb zwischen einer *impressiven* und einer *segmentierten* Situation. Impressiv ist sie dann, „wenn sie schon im Augenblick mit ihrer integralen Bedeutsamkeit ganz zum Vorschein" kommt. Bei segmentierten ist dies nicht der Fall.[26] Was in einem Augenblick ganz zum Vorschein kommt, hängt wiederum von Gegebenheiten auf der Objektseite (etwa im Nebel) wie von Gegebenheiten auf der Subjektseite ab (etwa Unaufmerksamkeit oder Erschöpfung).

Zweites Merkmal einer Situation war das Vorhandensein von Programmen (dass etwas sein soll oder möge). *Dass etwas sein soll*, konstituiert eine Situation oft (aber nicht immer) von zwei Seiten. Der Platz soll ja – wenn er als Platz geplant worden ist – in einer bestimmten *Weise* sein, das heißt atmosphärisch als weit oder eng, geschlossen oder offen, gemütlich oder respekteinflößend erlebt werden und so einen erlebnisspezifischen Bezug zur Stadt herstellen. Jeder *geplante* Platz wird für ein *bestimmtes* Erscheinen gemacht. Es gibt aber auch Plätze, die sich im Zuge der sukzessiven Veränderung einer räumlichen Situation gleich-

Parkhaus Ossenmarkt in Groningen (NL)
2005 mit dem European Standard Parking Award ausgezeichnet
Ein- und Ausfahrt
Eingangsbereiche an der Gracht

sam „von selbst" konstituieren. Solche Plätze hat niemand „gemacht", und dennoch könnte man solchen Räumen in einer bestimmten Platz-Erwartung begegnen. Dann käme das (Platz-)Programm von der Subjektseite, im Sinne einer Protention (einem *erwarteten* Sachverhalt). Der Platz würde *als Platz* gleichsam konstruktivistisch im Moment erwartungsvollen „Eintretens" in einen spezifischen Raum erst entstehen. Auch dieses Beispiel steht für die Komplexität der wechselseitigen Verklammerung von Subjekt- und Objektseite zu einer Situation mit chaotisch-mannigfaltiger Bedeutsamkeit.

Drittes Merkmal einer Situation waren Probleme (ob etwas ist). Sie betreffen Fragen der Entscheidung – etwa die, ob man aufgrund einer momentanen Unaufmerksamkeit einen Platz „richtig" erkennen und in Gänze aus einer bestimmten Richtung einsehen kann oder ob sich Teilräume dem Blick entziehen.[27] Es ist evident, dass Probleme zu ihrer Überwindung in Programme umgesetzt werden müssen. Die unsichere (Entscheidungs-)Frage, *ob* etwas ist, muss in eine Aufgabe übertragen werden, wonach etwas sein *soll*!

Sachverhalte, Programme, Probleme – wie Situationen insgesamt – sind unabhängig von der Sprache.[28] Die Situation eines Platzes – um am Beispiel zu bleiben – kann man unabhängig von der Frage, ob man in der Lage ist, sie in sprachlichen Sätzen auch anderen mitzuteilen, erleben. Man kann sicher auch, ohne ein Wort zu sagen, zu ähnlichen Empfindungen des Ortes gelangen wie jemand, der sein Erleben anderen in prosaischer Breite dargestellt hat. Eine Situation erlebt man leiblich, das heißt im Wege leiblicher Kommunikation. Bevor man einen Platz in *mathematischer* Hinsicht als „eng" erkennt, erlebt man ihn im *leiblichen* Gefühl der Enge. So verhält es sich bei der *euklidisch-geometrischen* Weite eines Platzes, dessen Dimension einer leiblichen *Empfindungsqualität* der Weite korrespondiert. Leibliche

Kommunikation versteht sich als dialogischer Prozess, in dem leibliche Regungen (zwischen den Polen der Weite und der Enge) auf Eindrücke reagieren.[29] Der Leib ist „die Umschlagstelle, wo alles Ergreifende den Menschen trifft und seine antwortende Gestaltkraft herausfordert"[30]. Die leibliche Kommunikation verläuft vorsprachlich. Dennoch erschließt sie uns die Welt in der Struktur geordneter Bedeutsamkeiten, die sich in den Rahmungen von Situationen darstellt. „Situationen sind die Eindrücke, die wir gewinnen, wie ein Reisender, der von seiner neuen Umgebung Eindrücke aufnimmt ..."[31]. Dies tun wir im Allgemeinen nicht mit den Mitteln der Sprache. Gleichwohl müssen wir sie in Anspruch nehmen, wenn wir uns oder anderen etwas erklären wollen.

Architektur zielt geradezu darauf ab, Eindruckssituationen zu erzeugen, die über ihr *Erleben* bestechen sollen. Sobald solches Erleben intersubjektive Bedeutung bekommt, gewinnt die Sprache an Einfluß. Schon das *gemeinsame* Erlebnis einer Situation fordert den Dialog mit den Mitteln der Sprache heraus. Damit wird insofern eine ontologische Grenze markiert, als subjektives Erleben, in dem man leiblich aufgeht, nicht nur in Sprache übersetzt, sondern von individueller Betroffenheit abgehoben werden muss. Diese Abstraktion bedeutet eine Verarmung gegenüber der Situation aktuellen Erlebens, weil es in einem individuellen Akt des Sprechens nie gelingen kann, einer *erlebten* Situation gerecht zu werden. Eine Situation weist Merkmale auf, die wegen ihrer Komplexität die Aussagemöglichkeiten der Sprache übersteigen, denn Situationen sind (1.) ganzheitlich (das heißt abgehoben nach außen und zusammenhängend nach innen), (2.) in einem Hof von Bedeutsamkeit gelagert (zu dem Sachverhalte, Programme und Probleme gehören) und (3.) in diesem Bedeutungshof diffus (chaotisch mannigfaltig in der Beziehung der Bedeutungen zueinander).[32]

Ein wichtiger Weg der Übertragung von Eindrücken der Architektur verläuft *situativ* über synästhetische Charaktere, die sich von einfachen Synästhesien unterscheiden.[33] Während man unter einer ›Synästhesie‹ ein gleichzeitiges Empfinden von zwei verschiedenen Eindrücken versteht (z.B. Empfinden von Wärme oder Kälte bei Farbwahrnehmung[34]), hebt der Begriff des synästhetischen Charakters auf eine komplexere Dimension der Wahrnehmung ab, wonach sich die Ganzheitlichkeit eines Eindruckes in die Ganzheitlichkeit eines leiblichen Empfindens überträgt. Zu den synästhetischen Charakteren gehören vor allem Bewegungssuggestionen und Gestaltverläufe. Bewegungssuggestionen kommen im täglichen Leben vor, wenn die Aufmerksamkeit Dingen folgt, die sich bewegen: einem vorbeifahrenden Auto, einer vorübergehenden Person, den am Himmel dahin ziehenden Wolken. Bewegungssuggestionen kommen aber auch beim Erleben von Musik oder in der Malerei vor. Man spricht dann auch von ›Gestaltverläufen‹, weil es hier im engeren Sinne keine Bewegung gibt. Grundsätzlich gilt: „Die Bewegungssuggestionen, namentlich die Gestaltverläufe, haben eine Schlüsselstellung in der Wahrnehmung, weil sie vom leiblichen Befinden zum Wahrgenommenen (und umgekehrt) eine Brücke schlagen."[35] Das Wahrgenommene und der spürbare Leib kommen dank der Bewegungssugestion zusammen. Dabei wird die Brücke in einem gleichsam wechselseitigen Geschehen von der einen zur anderen Seite geschlagen.

Die funktionalistisch nüchternen Fassaden von Parkhäusern, wie sie in den 1960er und 70er Jahren gebaut worden sind, erzeugen zum Beispiel nicht nur einen *kalten*, sondern auch einen *abweisenden* Eindruck. Im Unterschied dazu zeichnen sich ästhetisierte Bauwerke der Gegenwart vermehrt durch „ansprechende" Qualitäten aus (s. Parkhaus Ossenmarkt in Groningen als Beispiel für ein international prämiertes Parkhaus). Die Wahl der Materialien spielt dabei eine wichtige

Parkhaus Ossenmarkt
Parkspiralen
Durchfahrt in die Ausfahrtspirale

Rolle. Rauher Sandstein erzeugt aufgrund von Textur und Farbe einen gänzlich anderen ästhetischen Eindruck als poliertes Aluminium oder geschliffenes, lackiertes oder nicht behandeltes Holz. Für die Eindruckswirkung von Architektur kommt es auch auf die Belichtung/Beleuchtung einer Szene an (vgl. hierzu auch die Innenaufnahmen des Parkhauses Ossenmarkt). Helligkeitsgrade und Lichtfarben kommunizieren Bedeutungen nicht in erster Linie, weil bestimmte Lichtatmosphären semiotische Medien sind, sondern weil sie ein bestimmtes leibliches Befinden konstituieren, das in eine positive (oder je nach Art der Lichtverhältnisse auch in eine negative) kulturelle Bedeutung übersetzt wird.[36]

Jedes Bauwerk konstituiert eine Situation, die in ihrer Ganzheitlichkeit infolge der Überlagerung mannigfaltiger Bedeutungen weitgehend diffus bleibt. Dies macht oft den Reiz eines Bauwerkes, seine ästhetische Attraktivität, aus. Auf solche Eindruckswirkungen setzen nicht nur Architekten, die postmoderne Objekte in grenzenlosem Stileklektizismus mehrfach codieren. Jede Architektur, die sich in ihrer ästhetischen Gestaltung von bloß ingenieur-technischen Hoch- oder Tiefbauten unterscheidet, muss aufgrund der situativen Überlagerung pluraler Bedeutungen diffus bleiben. Deshalb evoziert ästhetische Aufmerksamkeit findende Architektur ja auch stets den Dissens, in dem über *Bedeutungen* und nicht über Attribute wie „schön" oder „hässlich" gestritten wird. Im Prinzip ist dies aber auch bei profaner Gebrauchsarchitektur (wie einem Parkhaus) nicht anders, wenn das ästhetisch Unauffällige auch den Diskurs nur in einem ungleich geringeren Maße herausfordert als die expressive postmoderne Erlebniswelt eines Urban Entertainment Center. Das oben angesprochene Beispiel eines niederländischen Parkhauses macht deutlich, dass die Grenze zwischen sogenannter Gebrauchsarchitektur und Erlebnisarchitektur fließend ist, denn zweifellos hat das Groninger Parkhaus am Ossenmarkt Erlebnischarakter, obwohl es einem profanen Zweck dient.

Die Frage nach den möglichen Wegen zur Anbahnung von Erfahrung aus diffusen Prozessen des Erlebens stellt sich nicht allein für die ästhetisierten Objekte der sogenannten Erlebnisarchitektur. Sie stellt sich sinnvoll nur für Architektur *insgesamt*, weil gestaltete Umwelt grundsätzlich das Leben der Menschen tangiert und schon allein deshalb der Reflexion gegenüber zugänglich sein sollte.

Vom Architektur-Erlebnis zur Selbst- und Welt-Erfahrung

Einige Begriffe, die in ihrer alltagssprachlichen Konnotation eng mit dem Begriff der Erfahrung verwandt sind, müssen unterschieden werden. So ist zwischen den Begriffen ›Leben‹, ›Erleben‹, ›Erlebnis‹ und ›Erfahrung‹ zu differenzieren (vgl. auch Abb. S. 39.). Das biologische, zeitlich dahinfließende und an sich bedeutungslose Leben ist die Voraussetzung jeden Erlebens. Erleben setzt Lebendigkeit, Wahrnehmungs- und Erlebnisfähigkeit eines (menschlichen) Lebewesens voraus. Leben muss schon seiner Steuerbarkeit halber erlebt werden können. Ein das eigene Leben nicht erlebende Lebewesen vermag weder auf Eindrücke zu reagieren, noch in seiner Umwelt zu agieren. Der Mensch ist im Unterschied zu den Tieren[37] als selbstreflexives Wesen zur *bewussten* Wahrnehmung seines Erlebens fähig. Im Strom des Erlebens kristallisieren sich Situationen des Besonderen heraus, die wir ›Erlebnisse‹ (s. oben) nennen. Sie sind vom Fluss des Erlebens abgehoben und bilden im Strom des Erlebens punktualisierte Inseln, die in gewisser Weise dadurch abgeschlossen sind, dass sie chronologisch durch Ereignisanfang und -ende begrenzt sind. Der Prozess der ›Erfahrung‹ unterscheidet sich nun kategorial von dem des Erlebens (incl. der an das Erleben gekoppelten Erlebnisse). Während das Erleben ohne geistig-reflexive Situations-Distanzierung in einer leiblich-befindlichen Weise ‚bei sich' bleiben kann, findet in der Erfahrung eine selbst- und weltzugewandte, von der Aktualität der Situation abstrahierende Reflexion statt. In der Erfahrung wird das eigene Erleben einem rückblickenden und evaluierenden Nach-Denken unterzogen.[38]

Erfahrung von Architektur setzt Selbstdistanzierung voraus, das heißt die Einnahme eines Abstandes zur Betroffenheit vom eigenen Erleben/Erlebnis. Jede selbst-reflexive Perspektive bedarf solcher Distanz. Distanzierung setzt die Abstraktion von emotional virulenter Betroffenheit voraus, nicht aber von dem (objektiven) *Sachverhalt* der Betroffenheit durch Architektur. Erst im Lichte dieser Objektivierung können Aussagen über Einzelheiten getroffen werden, über die es dann auch zur intersubjektiven Verständigung kommen kann. Das heißt aber auch, dass in der erfahrungsorientierten Phase der Reflexion die Sprache als Medium der Abstraktion zur Geltung kommt. Auf Selbstreflexion abzielende Abstraktion sucht nach Gründen für die Entstehung subjektiver Sachverhalte der Affizierung durch Architektur. In der Situation leiblich aktuell spürbarer Betroffenheit kann Erfahrung nicht gelingen, weil Befangenheit von eigener Betroffenheit die Möglichkeit der Distanzierung vereitelt. Schmitz hat deshalb zwischen einem Gefühl mit und ohne Betroffenheit unterschieden. Mit anderen Worten: man kann die Wirkung von Architektur auf das subjektive Befinden nur (im Sinne der Erfahrung) „obduzieren", wenn man – um seine eigene gefühlsmäßige Verwicklung in eine Situation *wissend* – diese zum *Gegenstand* einer Situations-Analyse zu machen in der Lage ist.

Situationen haben eine Subjekt- und eine Objektseite. Für den Prozess der Erfahrung bedeutet dies, dass auch er sich auf beide Seiten einer (architektonischen) Situation beziehen muss, um an ein einsichtsvolles Ende gelangen zu können. Ihren Ausgang sollte sie auf der Subjektseite nehmen, also dem affektiv betroffenen Verwickeltsein in eine architektonisch-räumliche Situation. Ausgehend vom eigenen Er-

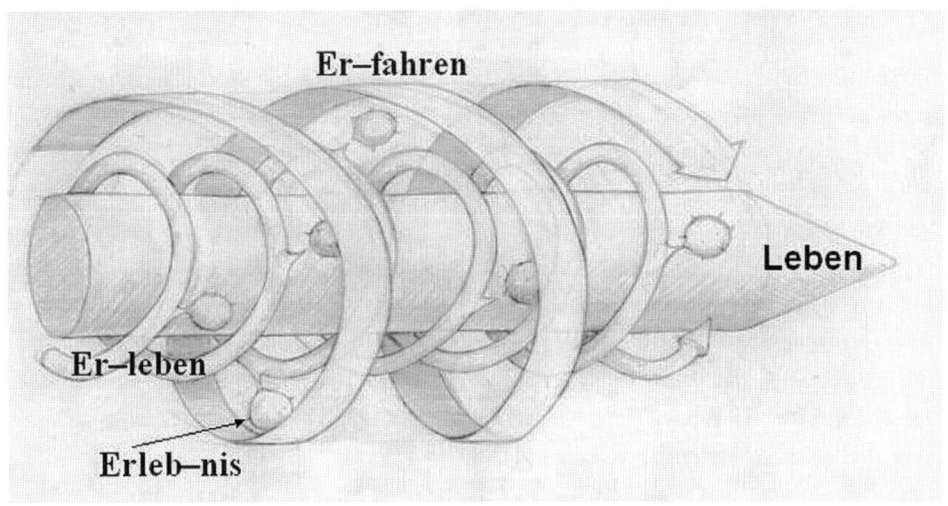

leben stellen sich Fragen zur Erzeugung bestimmter durch Architektur wirksam werdender Eindrücke (z.B. welche objektivierbaren Eigenschaften lassen mich einen Raum als „eng" empfinden, welche Dinge lassen mich eine Umgebung als „kalt" oder „unfreundlich" erleben usw.?). Da sich Situationen des öffentlichen Raumes immer auch als Momente einer gesellschaftlichen, politischen, ökonomischen und kulturellen (usw.) Situation verstehen lassen, können die von einem Parkhaus, Platz oder Kaufhaus ausgehenden Eindrücke auch auf einem systemischen Niveau gedeutet werden. Was im öffentlichen Raum eine szenische Rolle spielt, steht auch im Bedeutungsrahmen von Systemen, deren eigener Bedeutungshaushalt Verwertungsinteressen im weitesten Sinne generiert.

An diesem Punkt der (Selbst-)Interpretation architektonischen Erlebens sind die Möglichkeiten der Phänomenologie erschöpft. Es stehen nun Verknüpfungen an, deren Geltungssysteme einer anderen Ontologie folgen. Welche Bedeutung ein bestimmtes individuelles, vor allem aber kollektiv geteiltes Erleben in der Perspektive bestimmter gesellschaftlicher Teilsysteme haben könnte, erklärt kein phänomenologisches Denken mehr. Die Logik, nach der subjektives Betroffensein in einer (spezifischen) systemischen Rationalität aufgeht, erschließt sich nicht aus der Perspektive der Subjektivität, sondern im Fokus einer Theorie, die analytische Brücken zwischen Subjektivität und (deren) Vergesellschaftung zu schlagen in der Lage ist. In diesem Sinne könnten zum Beispiel Ethnopsychoanalyse[39], kritischer Postmodernismus[40] oder simulationstheoretische Ansätze[41] relevant sein. Solche Wege wären indes zum Thema einer eigenen Abhandlung zu machen.

Voraussetzung für einen gelingenden Diskurs „über Architektur" ist das Vermögen, eigenes Empfinden (aus Situationen des Erlebens) zur Sprache bringen zu können.

Dazu bedarf es keiner fachsprachlichen Kompetenz, sondern lediglich einer hinreichend differenzierungsfähigen Alltagssprache. Schmitz reklamiert in diesem Sinne „ein Organ für Situationen mit ganzheitlich-binnendiffuser Bedeutsamkeit, im Sinne eines Verständnisses und eines Könnens, sich in dieser Bedeutsamkeit zu bewegen und damit umzugehen. Dieses Organ bezeichne ich als *Kompetenz*."[42] Solche Kompetenz bedeutet Macht. Von professionellen Akteuren der Architektur werden die Mittel der Raumgestaltung und -ästhetisierung als Instrumente der Macht eingesetzt, um das Handeln der Menschen affektiv zu unterströmen. Die Kompetenz zur Antizipation subjektiven Erlebens räumlicher Situationen ist dafür eine Voraussetzung. In aller Regel evozieren sich Empfindungen qua Architektur nicht zufällig. Sie stehen auch in keinem zweckfreien, sondern einem politischen, ökonomischen oder ideologischen Rahmen oder werden von solchen Rationalitäten instrumentalisiert. In der Architektur von Kaufhäusern, politischen Gedenkorten oder repräsentativen Hochhäusern für Konzerne sind nicht selten dissuasive Strategien radikaler Verführung[43] am Werke. Der produktive Umgang mit Wissen und Können im Einsatz bestimmter Regeln zur Herstellung emotionaler Wirkungen und Suggestionen durch Architektur verdankt sich einer Kompetenz zur Macht, mit gestalterischen Mitteln der Architektur steuernd auf Menschen einzuwirken.

Ebenso können die Individuen aber ihre eigene Macht im rezeptiven Umgang mit Architektur entfalten – als Kompetenz zur sprachlichen Kommunikation über die Reflexion von Situationen leiblicher Kommunikation. Wo die Individuen Macht über *sich selbst* (zurück-)gewinnen, überwinden sie ihre nur rezeptive Rolle als stumme Reakteure, um in einem gesellschaftlichen Diskurs über die Gestaltung menschlicher Um- und Mitwelt als produktiv-diskursiv virulente Akteure *ihr* generatives Spiel zu spielen.

Literaturverzeichnis

Theodor W. Adorno, Max Horkheimer: Kulturindustrie. Aufklärung als Massenbetrug (1947), in: Theodor W. Adorno, Max Horkheimer (1947): Dialektik der Aufklärung, Frankfurt/M. 1971, S. 108-150.

Jean Baudrillard: Laßt euch nicht verführen! Berlin 1983.

Jean Baudrillard: Das Andere Selbst, Wien 1987.

Regina Bittner (Hg.): Urbane Paradiese. Zur Kulturgeschichte modernen Vergnügens. Edition Bauhaus, Frankfurt/M. 2001.

Otto Friedrich Bollnow: Dilthey. Eine Einführung in seine Philosophie (1936), Stuttgart u.a. 1955.

Otto Friedrich Bollnow: Probleme des erlebten Raums. Wilhelmshavener Vorträge. Schriftenreihe der Nordwestdeutschen Universitätsgesellschaft, H. 34, Wilhelmshaven 1962.

Otto Friedrich Bollnow: Mensch und Raum, Stuttgart u.a. 1963.

Wilhelm Dilthey: Gesammelte Schriften, VII. Band, Göttingen 1958.

Friedrich Dorsch: Psychologisches Wörterbuch, hgg. unter Mitwirkung von Werner Traxel, Hamburg, Bern 1970.

Mario Erdheim: Psychoanalyse und Unbewußtheit in der Kultur (1988), Frankfurt/M. 1994.

Hans-Georg Gadamer: Wahrheit und Methode (1960), Tübingen 1972.

Jacob und Wilhelm Grimm: Deutsches Wörterbuch (1905), Band 16, München 1984.

David Harvey: Flexible Akkumulation durch Urbanisierung: Überlegungen zum „Post-Modernismus" in den amerikanischen Städten, in: PROKLA, H 69, S. 109-131, 1987.

Jürgen Hasse: Die Atmosphäre einer Straße. Die Drosselgasse in Rüdesheim am Rhein, in: Ders. (Hg.): Subjektivität in der Stadtforschung. Natur – Raum – Gesellschaft, Bd. 3. Frankfurt/M. 2002, S. 61-113.

Jürgen Hasse: Die Stadt ins rechte Licht setzen. Stadtillumination – ein ästhetisches Dispositiv?, in: Berichte zur deutschen Landeskunde Bd. 78, 2004, H. 4, S. 413-439.

Jürgen Hasse: Fundsachen der Sinne. Eine phänomenologische Revision alltäglichen Erlebens (= Neue Phänomenologie Band 4), Karl Alber Verlag Freiburg, München 2005.

Martin Heidegger: Sein und Zeit (1927), Tübingen 1993.

Ronald Hitzler: „Ein bißchen Spaß muß sein!" Zur Konstruktion kultureller Erlebniswelten, in: Winfried Gebhardt, Ronald Hitzler, Michaela Pfadenhauer (Hg.): Events. Soziologie des Außergewöhnlichen, Opladen 2000, S. 401-412.

Michal Hvorecký: Das zu Tode amüsierte Mitteleuropa, in: Kafka. Zeitschrift für Mitteleuropa, 2005, H. 15, S. 28-33.

Alban Janson, Thorsten Bürklin: Auftritte. Interaktionen mit dem architektonischen Raum: die Campi Venedigs. Basel, Boston, Berlin 2002.

Friedrich Kirchner, Carl Michaëlis (Begr.): Wörterbuch der philosophischen Begriffe, (Meiner) Hamburg 2004.

Gabriele Reiterer: AugenSinn. Zu Raum und Wahrnehmung in Camillo Sittes Städtebau, Verlag Anton Pustet, Salzburg, München 2003.

Karol Sauerland: Diltheys Erlebnisbegriff. Entstehung, Glanzzeit und Verkümmerung eines literaturhistorischen Begriffes, Berlin, New York 1972.

Hermann Schmitz: System der Philosophie (1977), Band 3: Der Raum, Teil 4: Das Göttliche und der Raum, Bonn 1995.

Hermann Schmitz: System der Philosophie (1978), Band 3: Der Raum, Teil 5: Die Wahrnehmung, Bonn 1989.

Hermann Schmitz: Gefühle als Atmosphären und das affektive Betroffensein von ihnen (1993), in: Hinrich Fink-Eitel, Georg Lohmann (Hg. 1993): Zur Philosophie der Gefühle, S. 33-56.

Hermann Schmitz: Neue Grundlagen der Erkenntnistheorie, Bonn 1994.

Hermann Schmitz: Der Leib, der Raum und die Gefühle, Edition tertium, Ostfildern 1998.

Hermann Schmitz: Der Wille, in: Hermann Schmitz, Gabriele Marx, Andrea Moldzio (2002): Begriffene Erfahrung. Beiträge zur antireduktionistischen Phänomenologie, Kiel 2002, S. 76-98.

Hermann Schmitz: Was ist Neue Phänomenologie? LYNKEUS. Studien zur Neuen Phänomenologie, Bd. 8. Rostock 2003.

Hermann Schmitz: Situationen und Konstellationen. Wider die Ideologie totaler Vernetzung, (Neue Phänomenologie Bd. 1), Freiburg, München 2005.

Gerhard Schulze: Die Erlebnisgesellschaft. Kultursoziologie der Gegenwart, Frankfurt/M. 1993.

Raymond Unwin: Grundlagen des Städtebaues. Eine Anleitung zum Entwerfen städtebaulicher Anlagen (1922), aus dem Englischen übersetzt von L. Mac Lean, Berlin.

Helmuth Vetter (Hg.): Wörterbuch der phänomenologischen Begriffe, (Meiner) Hamburg 2004.

[1] Vgl. Schulze 1993.

[2] Mit dem Topos der ›Kulturindustrie‹ (aus Adornos und Horkheimers „Dialektik der Aufklärung") sei eine breite gesellschaftskritische Strömung symbolisch benannt, die in den Wissenschaften und im alltäglichen Leben „der Leute" in Form einer sensiblen Aufmerksamkeit und Wachsamkeit gegenüber allen gesellschaftlichen Veränderungen ihre Spuren hinterlassen hatte (vgl. Theodor W. Adorno, Max Horkheimer 1947).

[3] Vgl. Schulze 1993, S. 43ff.

[4] Hitzler 2000, S. 402.

[5] Vgl. u.a. Dilthey 1958, S. 24ff. und 191ff. sowie über Diltheys Erlebnis-Begriff: Bollnow 1936, S. 101-107 und 167-175 und Sauerland 1972.

[6] Vgl. u.a. Gadamer 1960, S. 60-66.

[7] Hvorecký 2005, S. 32.

[8] Vgl. dazu auch Bittner 2001.

[9] Wörterbuch der philosophischen Begriffe, S. 94.

[10] Vetter 2004, S. 65.

[11] Der Begriff der Bedeutung drückt eine Abstraktion aus, die im Deutschen Wörterbuch der Brüder Grimm nicht vorkommt.

[12] Heidegger 1927, S. 87.

[13] Vgl. dazu auch Hasse 2004.

[14] Der Begriff der „Hoheit" hängt etymologisch am Begriff der Höhe.

[15] Mit dem 'hodologischen Raum' (vgl. Bollnow 1962, S. 24 sowie Bollnow 1963, S. 191ff.) thematisiert er eine der menschlichen Erfahrung komplementäre Dimension des 'erlebten' Raumes. Der 'hodologische Raum' ist durch gangbare und biographisch gegangene (Erfahrungs-)Wege gegliedert, nicht durch die Infrastruktur objektiver Wege, sondern die persönlichen Wege, die man gegangen ist. Die Wege im hodologischen Raum sind keine objektiven Wege, sondern die persönlichen Wege, die man gegangen ist. Es sind 'gelebte Wege', in gewisser Weise die erinnerbaren Fußspuren gebahnter Erfahrungswege.

[16] Vgl. auch Reiterer 2003, S. 20.

[17] Vgl. Unwin 1922.

[18] Vgl. Janson / Bürklin 2002, S. 13.

[19] Vgl. Grimm und Grimm 1905, S. 1276.

[20] Schmitz 2003, S. 91.

[21] Schmitz 1994, S. 68.

[22] Schmitz 2003, S. 91.

[23] Schmitz 2003, S. 89.

[24] Ähnlich verhält es sich mit der ›Stille‹, die man völlig falsch beurteilen würde, sähe man sie als „Abwesenheit von Geräuschen" an, anstatt ihren ganzheitlich atmosphärischen Kern anzuerkennen. Stille ist (wie die Leere eines Platzes, oder der Nebel, der über einer Stadt hängt) kein Ding und keine Eigenschaft. Hermann Schmitz hat für die ontologische Klasse, zu der die Stille gehört, den Begriff der ›Halbdinge‹ geprägt. Halbdinge unterscheiden sich von Dingen u.a. dadurch, „daß sie verschwinden und wiederkommen, ohne daß es Sinn hat, zu fragen, wo sie in der Zwischenzeit gewesen sind." (Schmitz 1994, S. 80.) Halbdinge sind auch Licht und Schatten, Wärme und Kälte oder Heiterkeit und Trauer. Sie sind maßgeblich an der gefühlsmäßigen Wahrnehmbarkeit von Atmosphären beteiligt.

[25] Vgl. auch Schmitz 1994, S. 67 ff.

[26] Schmitz 2003, S. 91f.

[27] Vgl. Schmitz 1977, S. 410.

[28] Vgl. Schmitz 1994, S. 66.

[29] Am Beispiel der Wahrnehmung einer Straße habe ich Formen der leiblichen Kommunikation in einem architektonisch-städtebaulichen Umfeld verdeutlicht (vgl. Hasse 2002).

[30] Schmitz 2003, S. 365.

[31] Schmitz 1993, S. 36.

[32] Schmitz 2002, S. 84.

[33] Vgl. auch Schmitz 1998, S. 31ff.

[34] Vgl. Dorsch 1970, S. 406.

[35] Vgl. Schmitz 1978, S. 43.

[36] Vgl. dazu auch Hasse 2004.

[37] Möglicherweise mit Ausnahme weniger Primaten.

[38] Vgl. dazu auch meine Ausführungen in Hasse 2005 (Kap. 3, S. 199 - 277 und veranschaulicht an raumbezogenen Beispielen Kap. 4, S. 278 - 417).

[39] Vgl. i.d.S. z.B. Erdheim 1988.

[40] Vgl. z.B. Harvey 1987.

[41] Vgl. z.B. Baudrillard 1987.

[42] Schmitz 2005, S. 263.

[43] Ich benutze den Begriff der „radikalen Verführung" i.S. von Jean Baudrillard, der damit subtile Prozesse der affektiven Unterströmung subjektiven Selbstbewusstseins anspricht (vgl. i.d.S. Baudrillard 1983).

Eindruck und Wirkung:
Erfahrung machen mit Architektur
Achim Hahn

„Neapel, Freitag, den 23. März 1787 ...

Das Land ward immer flacher und wüster, wenige Gebäude deuteten auf kärgliche Landwirtschaft. Endlich, ungewiß, ob wir durch Felsen oder Trümmer führen, konnten wir einige große länglich-viereckige Massen, die wir in der Ferne schon bemerkt hatten, als überbliebene Tempel und Denkmale einer ehemals so prächtigen Stadt unterscheiden. Kniep, welcher schon unterwegs die zwei malerischen Kalkgebirge umrissen, suchte sich schnell einen Standpunkt, von wo aus das Eigentümliche dieser völlig unmalerischen Gegend aufgefaßt und dargestellt werden könnte.

Von einem Landmanne ließ ich mich indessen in den Gebäuden herumführen; der erste Eindruck konnte nur Erstaunen erregen. Ich befand mich in einer völlig fremden Welt. Denn wie die Jahrhunderte sich aus dem Ernsten in das Gefällige bilden, so bilden sie den Menschen mit, ja sie erzeugen ihn so. Nun sind unsere Augen und durch sie unser ganzes inneres Wesen an schlankere Baukunst hinangetrieben und entschieden bestimmt, so daß uns diese stumpfen, kegelförmigen, enggedrängten Säulenmassen lästig, ja furchtbar erscheinen. Doch nahm ich mich bald zusammen, erinnerte mich der Kunstgeschichte, gedachte der Zeit, deren Geist solche Bauart gemäß fand, vergegenwärtigte mir den strengen Stil der Plastik, und in weniger als einer Stunde fühlte ich mich befreundet, ja ich pries den Genius, daß er mich diese so wohl erhaltenen Reste mit Augen sehen ließ, da sich von ihnen durch Abbildung kein Begriff geben läßt. Denn im architektonischen Aufriß erscheinen sie eleganter, in perspektivischer Darstellung plumper, als sie sind, nur wenn man sich um sie her, durch sie durch bewegt, teilt man ihnen das eigentliche Leben mit; man fühlt es wieder aus ihnen heraus, welches der Baumeister beabsichtigte, ja hineinschuf. Und so verbrachte ich den ganzen Tag, indessen Kniep nicht säumte, uns die genausten Umrisse zuzueignen..."[1]

Goethe beschreibt die Begegnung mit einer konkreten Örtlichkeit. Zusammen mit dem Landschaftsmaler Kniep ist er mit einem zweirädrigen Fuhrwerk unterwegs. Die durchfahrene Landschaft und Umgebung werden genau beobachtet. Dann tauchen unversehens die Reste dorischer Tempel auf. Der erste Eindruck ist: unförmige Trümmermassen. Und eigentümlich und unmalerisch erscheint die Gegend.[2] Was bedeutet Eindruck? „Der Eindruck kommt ungesucht", sagt Hans Lipps, „von mir aus zeigt sich etwas".[3] „Im Eindruck, den man von etwas hat, liegt etwas. Was darin liegt, muß ich erst finden" (ebd.). Das nur undeutlich Sich-Zeigende wird als Gedanke aufgenommen und schließlich artikuliert. Dieses Geschehen der Verdeutlichung ereignet sich „aus mir heraus", wie Lipps weiter feststellt. Er spricht dann von der Doppeldeutigkeit des Eindrucks: Dieser ist „sowohl das, wovon als etwas auf mich Wirkendem ich in meinen Gedanken bewegt werde, als auch der Gedanke selbst, der sich in mir regt" (ebd.). Darin markiert sich zwischen Eindruck und Gedanke eine Grenze, insofern die Frage nach der Wahrheit, die in einer treffenden Deutung des Eindrucks gesucht wird, nur im Wort, im *logos*, gefunden werden kann, nicht aber im Eindruck, der als Eindruck ungewollt mich trifft. Der Eindruck kann gar nicht falsch oder richtig sein, sondern nur der Gedanke, den er in mir erweckt. Das, was im Eindruck ungebrochen und intuitiv erfasst wird, bleibt von jeglicher Mitteilung ausgeschlossen, da es jenseits des überhaupt Artikulierbaren liegt.

Was der Eindruck in Goethe erweckte, waren offensichtlich auch Hinsichten und Gesichtspunkte, die mit seinem Wissen vom Bauen der Alten zusammenhängen.[4]

Die Vorbildung eines Menschen und seine Erfahrung im „Sehen" bestimmen mit den „Bildeindruck". Mit „Sehen" ist nicht ein von außen aufgezwungener Reiz eines inneren Organs gemeint. Goethes „Sehen" ist spezifisch: „... ich pries den Genius, daß er mich diese so wohl erhaltenen Reste mit Augen sehen ließ, da sich von ihnen durch Abbildung kein Begriff geben lässt". Zum Sehen-können gehört der nötige Abstand zu den Dingen; nur wenn sich uns die Dinge *deutlich* darstellen, können sie gesehen, d.h. verstanden werden. Abstand verweist nicht auf die exakt gemessene Entfernung zwischen zwei Punkten im Raum, sondern dass die Dinge sich uns nur unter einem Bedeutsamkeitsaspekt, den *wir* an die Dinge herantragen, deutlich zeigen. In der „Einleitung in die Propyläen" (1798) brachte dies Goethe auf den Punkt: „Was man weiß, sieht man erst", was nichts anderes meint als: Wir *lernen* sehen und hören, es ruht darin ein Können ebenso wie ein Vorgriff auf das, was im Wahrgenommenen vorliegt.[5]

„Sichtbarkeit" ist indes keine Eigenschaft der Dinge, sondern es ist das Vermögen des Betrachters, den Sinnen etwas erscheinen zu lassen. Goethe löst sich jedoch bald von der Betrachterposition, um sich unter den Dingen zu bewegen, damit sich die Phänomene erfahren lassen: „Sofern man in der Welt steht, nicht aber sie gegenüber hat, kann man empfinden."[6] Im Sich-umtun unter den Dingen teilt man den Dingen das eigentliche Leben mit und fühlt es aus ihnen wieder heraus, wie Goethe sagt. Er selbst hat 1795 unter der Überschrift BAUKUNST notiert, dass diese nicht allein fürs Auge arbeite, sondern für die Bewegung des menschlichen Leibes insgesamt. Anschließend wird die überraschende Erfahrung vermerkt: „Wir fühlen eine angenehme Empfindung, wenn wir uns im Tanze nach gewissen Gesetzen bewegen; eine ähnliche Empfindung sollten wir bei jemand erregen können, den wir mit verbundenen Augen durch ein wohlgebautes Haus hindurch führen".[7] Deshalb bedeutet ja auch, dass die Dinge auf mich „wirken" *nicht*, dass sie an mir einen Eindruck hinterlassen, wie sich ein Schuh z.B. im weichen Schnee abdrückt. Vielmehr zeigt sich in mir, besser: spüre ich, eine *Aufgeschlossenheit* für das, was ich empfinde, als ein *Vermögen* – als Wirkung überhaupt nicht vergleichbar einem Schuh, der eine physische Veränderung im frischen Schnee verursacht.

Was Goethe über seinen Aufenthalt in Paestum beschrieben hat, ist eine ästhetische Erfahrung. Erfahrung deshalb, weil er es nicht beim eindrücklichen Erleben belassen kann, sondern Goethe die Gedanken, die der Eindruck anstieß, weiterverfolgte und schließlich in einer Beschreibung etwas gefunden hat. Gefunden wurde schließlich das passende Wort. Dem Eindruck-von *gegenüber* steht das so-Wirken. Der Sprachphilosoph Josef König diskutiert ebenfalls, wie zuvor Hans Lipps, den Zusammenhang von Eindruck und Wort.[8] Der Eindruck veranlasst ein Suchen, nämlich das nach dem klärenden Wort, das schließlich in der treffenden Beschreibung gefunden ist. Im „rechten" Begriff, der „sitzt", wird hier der Eindruck auf eine Mitte hin fixiert. Ohne die sehr diffizile Ausarbeitung bei König hier auch nur ansatzweise wiedergeben zu können, möchte ich auf das sog. „so-Wirken" bei König kurz eingehen. Er fasst den Eindruck-von und das so-Wirken als ein Weckgeschehen: „Das fragliche so-Wirken ist vergleichbar einem ‚Anstoß, unter dem ich erwache'. Nur einen Schlafenden können wir wecken; und nur, wer erwachen kann, schläft. Das Ding *gibt* oder *vermittelt* mir den Eindruck-von ‚nach Art eines Weckens'. Wie einer, der auf Grund eines Anstoßes erwacht, gleich sehr ‚sowohl von selbst, als auch durch' den Anstoß erwacht, so erhebt und rührt sich das Bewusstsein um das Wovon wie von sich aus und wie von selbst und doch zugleich *unter* dem Anstoß des Wirkens der Sache".[9] Das Geschehen von Wirkung und Eindruck oder Eindruck und Wirkung ist insofern verwirrend, als man nicht angeben kann, welcher Anteil dabei dem wahrnehmenden Individuum zukommt und welcher dem wahrgenommenen Gegenstand. In einer Fußnote unterscheidet König den objektiven Tatbestands eines leeren Zimmers, insofern es keine Möbel enthält, und der Wirkung eines Zimmers „als" leer. Das leer-wirkende Zimmer bezeichnet nicht das Wirken als „leer", sondern es ist eine *Bestimmung* des Gegenstands selbst, nämlich des Zimmers. Man könnte sogar sagen, dass entsprechend gebrauchte Prädikate wie leer, kalt, aber auch gerecht, schön, gut nicht Eigenschaft bezeichnen, sondern gewissermaßen ein *Verhalten beurteilen*, d.h. eine Wirkung beschreiben. „Ein Zimmer, in dem keine Möbel darin stehen, ist leer in determinierendem Verstand; es ist, wie man, obzwar sehr missverständlich sagen kann, objektiv leer"[10]. „Hingegen nun, wenn z.B. ein Zimmer leer-wirkt, nicht etwa leer zu sein scheint. Möbel mögen in ihm so viel darinstehen, wie für seinen Zweck erforderlich ist; gleichwohl wirkt es leer"[11]. Von Interesse ist nun für uns, was auf diese Wirkung, auf diesen Eindruck folgt. Insofern mein eigenes Zimmer mit einem Mal auf mich „leer" wirkt, so werde ich sicher reagieren. Der Eindruck wird, sobald das treffende Wort gefunden ist, bestimmt als Wirklichkeit: „Ja, dieses Zimmer ist wirklich leer!", und mich zu einem Tun veranlassen. So ist es sinnvoll, im Zusammenspiel von Eindruck und Wirkung von einer Wahrnehmungssituation, die zu lösen ist, zu sprechen, auf deren „bearbeitete" Eindrücklichkeit man sich als gemachte Erfahrung von etwas Neuem nachträglich reflexiv beziehen kann.

Damit komme ich mit König auf ein Moment der ästhetischen Wirkung zu sprechen, das ihm signifikant für diese Erfahrung ist. Wie erfasst der Wahrnehmende den Erfahrungsgehalt, der in Eindruck und Wirkung vorliegt? Eindruck und Wirkung sind ja gerade auf Grund dieses Erfahrungsgehalts nicht ohne weiteres verallgemeinerbar, jeder muss bekanntlich seine eigenen Erfahrungen machen. In der *Beschreibung*, so König, teilt sich die Erfahrung mit. Erst in der sprachlichen Hinwendung zum Erlebnis erschließen wir uns den Gehalt, den wir Erfahrung nennen.[12] Die Beschreibung, an die König hier denkt, untersucht den Gegenstand nicht in seinem Aussehen oder seinen Maßen, seinen Eigenschaften oder Bestandteilen, seiner Farbe usw., sondern sie *erfasst sprachlich seine Wirkung* auf den Beschreibenden und macht so den Gegenstand *für ihn* erst sichtbar. Dies, so scheint mir, entspricht dem Vorgehen Goethes, der das im Eindruck gesuchte Wort in der Beschreibung der ästhetischen Erfahrung gefunden hat.[13] Erst die Beschreibung, so König, klärt den Sprecher darüber auf, welche Wirkung das Wahrgenommene bei ihm hinterlassen hat. Und offensichtlich liegt in der Art der Beschreibung der Schlüssel zum jeweils Eindrücklichen, zur spezifischen Erfahrung. Das Beschreiben ist ein Zeigen auf die Wahrnehmungssituation und ebenso auf ihre Lösung. Josef König war davon überzeugt, dass der Beschreibende „in der Beschreibung des Beschriebenen gleichsam ansichtig wird oder allererst in ihr das Beschriebene erschaut"[14]. D.h., was wir hier als ästhetische Wirkung oder Erfahrung meinen, realisiert sich erst in der treffenden Beschreibung: Im „Hervorbringen eines Ausdrucks, der als eine treffende Beschreibung dessen, wovon der Eindruck ein Eindruck ist, empfunden wird"[15]. Später hat Bollnow diese These Königs zunächst in all ihrer Fragwürdigkeit zugespitzt: „Man könnte nun fragen, ob die Erfahrung einer ästhetischen Wirkung wirklich daran gebunden ist, dass der Mensch sie in der angegebenen Weise ausspricht, d.h. ob sie nicht schon vorhanden ist, ehe der Mensch, den sie zu einer solchen Aussage ‚legitimiert', von dieser Möglichkeit Gebrauch macht. König vertritt die Auffassung, dass die Existenz der ästhetischen Wirkung an die Beschreibung gebunden ist".[16] Es gibt sicherlich unterschiedliche besondere Formen des Umgangs mit einer ästhetischen Wahrnehmung. Eine reflexive Aneignung dieses Erlebnisses als „gemachte" Erfahrung, wie man umgangssprachlich sagen kann, bedarf aber wohl des sprachlichen Ausdrucks. Soll sie anderen mitgeteilt werden, ist man auf die prägnante Beschreibung angewiesen. Die Beschreibung indes, darauf will König hinaus, ist nichts Zusätzliches, das zu Eindruck und Wirkung hinzukäme, vielmehr bringt sie ein Erleben erst zum Abschluss, zum Verständnis.

¹ Johann Wolfgang Goethe: Italienische Reise, hg. und erläutert von H. v. Einem, Hamburg 1957, S. 219f.

² Die Rede vom „ersten" Eindruck täuscht insofern, als Goethe die Tempel von Paestum schon bekannt waren. Johann Jakob Winckelmann, der Begründer der wissenschaftlichen Archäologie, hat sie in seiner Schrift „Anmerkungen über die Baukunst der Alten" von 1762 eingehend beschrieben. Goethe war also mit der griechischen Baukunst wohl bekannt und vertraut.

³ Hans Lipps: Die menschliche Natur, Frankfurt/M. 1977, S. 90.

⁴ Goethes Erfahrungen, die er auf den 23. März 1787 datiert hat, müssen nämlich verstanden werden vor dem Hintergrund eines Vorwissens. Dies gilt übrigens für jede Erfahrung. Immer hat man schon irgendwelche Erfahrungen gemacht, wenn man in einer Begegnung etwas Neues lernt. Goethe lässt sich also von einem Landmann in den Gebäuden herumführen. Dies ist nicht uninteressant, denn er-fahren nennen wir auch umgangssprachlich denjenigen, der be-wandert und herumgekommen ist. Etwas erfahren ist also nur möglich durch ein Sich-bewegen. Man er-fährt, er-wandert und er-geht sich eine Landschaft, eine Gegend oder auch ein Gebäude. Am Ende hat man davon sich seinen Begriff gebildet, was nichts anderes bedeutet, als dass man einen bestimmten Raum, ein bestimmtes Gebäude in Griff genommen hat.

⁵ Dass Goethe das Auge gleich zweimal im Zusammenhang der Erfahrung nennt, ist kein Zufall. Das Auge war für ihn nicht irgendein beliebiges Organ. Das Auge ist ein Erfahrungs-Sinn. Mit Hilfe des Lichts erfährt es die Dinge im Raum. Das Auge reproduziert nicht eine Realität „da draußen" als „innere" Kopie davon, sondern es bestimmt das Gesehene: als „diese stumpfen, kegelförmigen, enggedrängten Säulenmassen" und als den „strengen Stil der Plastik". Das Sehen hat sich dabei selbst in der Hand, es ist aktiv. Ja, es leistet eine „Interpretation der Dinge" (Lipps).

⁶ Lipps a.a.O., S. 77 f.

⁷ Aus den italienischen Kollektaneen. Goethes Sämtliche Werke. Band 4.2. München 1986, S. 54. vgl. auch Herbert von Einem: Beiträge zu Goethes Kunstauffassung, Hamburg 1956.

⁸ Josef König: Die Natur der ästhetischen Wirkung. Vorträge und Aufsätze, hg. von Günther Patzig, Freiburg, München 1978.

⁹ Josef König: Sein und Denken. Studien im Grenzgebiet von Logik, Ontologie und Sprachphilosophie, Tübingen 1969, S. 24.

¹⁰ König 1969 a.a.O., FN 2, S. 27.

¹¹ a.a.O., S. 27.

¹² Wilhelm Kamlah (Philosophische Anthropologie, Mannheim 1973) hat in seiner Anthropologie von der „genialen Vergegenwärtigungsleistung der menschlichen Rede" gesprochen. Damit verwies er darauf, dass unsere Weltkenntnis immer sprachlich ist.

¹³ Wird die Beschreibung als Mitteilung realisiert, so wird dieses so-Wirken Inhalt der Ansprache an den anderen, den Hörer oder Leser. König hat dabei ein eigentümliches Verhältnis zwischen dem so-Wirken der Dinge und dem dafür-ansprechbar-Sein der Menschen im Auge.

¹⁴ König 1957, S. 266.

¹⁵ a.a.O.

¹⁶ Über den Begriff der ästhetischen Wirkung bei Josef König, in: Dilthey-Jahrbuch, Band 7, Jg. 1990/91, S. 13-43.

Architektur als szenisches Bild:
Bühne für das alltägliche Handeln

Janson + Wolfrum, Seetreppe im Stadtgarten Böblingen, 1996

Spielraum und Prägnanz
Architektur und ihr szenisches Potenzial
Alban Janson

Der architektonische Raum ist nicht leer, sondern von Kräften durchsetzt, durch die er seinen jeweiligen Charakter erhält. Diese Einsicht durchzieht die hier beschriebenen Beobachtungen zum szenischen Potenzial von Architektur. Aus der kunstwissenschaftlichen ebenso wie aus der architektonischen Perspektive wird der architektonische Raum als das immaterielle „Dazwischen" wahrgenommen. Wenngleich objektiv von primären baulichen Elementen materialisiert, gibt er sich in seiner Eigenart erst zu erkennen, indem er die subjektive Erfahrung strukturiert. Der Ausdruck der baulichen Form und die immateriellen Kräfte des Raumes prägen im Wechselspiel die Raumerfahrung.

Dimensionalität und Ausgedehntheit, Bewegungsduktus und Raumgestik, Rhythmen und Spannungsfelder, Raumachsen und Richtungen, eine Vielzahl von latenten Strukturen konstituieren das Kräftefeld[1] des architektonischen Raums. Die erlebende Person ist dabei immer konstitutiv am Strukturganzen beteiligt. Die Bewegung, die sie ausführt, die Spannung, der sie ausgesetzt ist, die Position, die Haltung, die sie einnimmt, immer ist sie selbst auch Gegenstand der Raumerfahrung und damit Akteur auf der Szene. Von verschiedenen Seiten führen die Beobachtungen daher zum Konzept der Exzentrizität, das von Helmuth Plessner formuliert wurde und die Fähigkeit des Menschen bezeichnet, zu sich selbst eine Wahrnehmungsdistanz herzustellen und damit auch zu seiner Position im Raum.[2]

Szenische Kapazität von Architektur wird als deren Artikulationsfähigkeit für Bewegung und Handeln auf der Grundlage der aufgezeigten Kräftefelder verstanden, über die bloße Bereitstellung von neutralem Raumvolumen hinaus. An den hier untersuchten Beispielen zeigt sich, wie spezifisch im einzelnen Fall die „Gebärdenstruktur" (Hasler) den Raum prägnant macht und wie differenziert sie in einer räumlichen Situation das Verhältnis zur Welt bestimmen kann. Ob in den Räumen der Maler oder in realen architektonischen Räumen, nicht nur repräsentierende Verweise und Bedeutungszuweisungen geben sich als die bestimmenden Merkmale räumlicher Eigenart zu erkennen, sondern vor allem die jeweils verschiedenen Spielräume des ganz elementaren Verhaltens. Auch wenn sich historisch-politische oder gesellschaftlich-kultische Bedeutungen aufdrängen, kann das szenische Potenzial gleichwohl in elementaren Bewegungsstrukturen und generellen Dispositionen des Befindens verankert sein.

Dafür ist der differenzierte Einsatz der architektonischen Mittel unmittelbar entscheidend, wie unter anderem an der gestischen Gestaltwirkung von Wänden, dem dramatischen Gehalt einer Treppe, der szenischen Funktion der Loggia dargelegt wird. Kapazität bezeichnet also die Anlagerungsfähigkeit, die Architektur offensiv anbieten kann, ihr Vermögen, unserer Bewegung und unserem Handeln im Raum Charakter zu verleihen.

Szenische Kapazität von Architektur erweist sich dann aber auch als Thema, das eine kontroverse Diskussion entfacht. Es stellt sich nämlich die Frage nach der Bevormundung durch die gegebenen Strukturen. Wieviel Deutungsmacht gesteht man der Architektur in einer gegebenen Situation zu? Wieviel Offenheit muss sie zulassen, um eine individuelle oder kollektive Aneignung zu erlauben?

Den Ausdruck „symbolisierende Kapazität" hat Christian Norberg-Schulz erstmals 1963 verwendet, um die semantische Ambivalenz architektonischer Formen zu bezeichnen. „Wir dürfen sagen, dass die Formen eine symbolisierende Kapazität besitzen, jedoch erst durch die semantische Wechselbeziehung mit den Bauaufgaben aktiv und wirklich werden."[3] Bernhard Schneider hat den Begriff abgewandelt und mit dem Konzept der semantischen Kapazität[4] zu Formen der extrem flexiblen systemischen Architekturen der 60er Jahre Stellung genommen. Er widersprach damit der Vorstellung, Architektur könne gerade dann offen für die Entfaltung von Bedeutungen sein, wenn sie eine größtmögliche formale Flexibilität aufweise. Denn wenn Systeme semantisch leer sind, erzeugen sie nur ein „Rauschen" ästhetischer Beliebigkeit. Eine Architektur, die der Aneignung im Gebrauch der Nutzer entgegenkommen soll, verlangt im Gegenteil ein hohes Maß an ästhetischer Komplexität.[5]

Was als Kontroverse diskutiert wird, spitzt sich im Gegensatz zwischen zwei Polen zu: Auf der einen Seite das Individuum mit seiner jeweiligen biographischen Prägung, das den Raum als jeweils aktuelle Situation subjektiv erlebt. Auf der anderen Seite das materielle Bauwerk und der gebaute Raum, in dem räumliche Verhältnisse fixiert und objektiviert sind.

In der Aneignung von Architektur trifft der Entfaltungsdrang des Subjekts mit der Starrheit des Objekts zusammen. Dem Konzept der szenischen Kapazität in der Architektur ist dieser Gegensatz als Spannungsverhältnis inhärent. Soll Architektur nicht als Vorschrift, sondern als Medium für räumliches Handeln fungieren, muss nach der geeigneten Entsprechung zwischen den beiden Seiten gesucht werden. Denn der architektonische Raum soll ja gerade durch seine – zwangsläufig statische – gebaute Gestalt die freie Entfaltung des szenischen Erlebens unterstützen.

Können im architektonischen Entwurf also neben der baulichen Gestalt auch die unterschiedlichen Erlebnisperspektiven in Bewegung und Handeln antizipiert werden, die der Benutzer in verschiedenen Ich-Positionen einnimmt? Wie weit ist die subjektive Wahrnehmung wirklich nur durch diejenige Perspektive geprägt, die vom Ich-Pol ausgeht? Können wir den Raum nicht auch in einer exzentrischen Sehweise wahrnehmen, gewissermaßen „axonometrisch" anstatt perspektivisch, so wird gefragt. Sind nicht die Bilder aus dem Bereich der Malerei bzw. der Literatur Beispiele für eine objektivierte Betrachtung, in die nicht nur Form-, Farb- und Raumbezüge aufgenommen sind, sondern auch eine komplexe Art von personaler Beteiligung im räumlich-szenischen Sinn? Kann ich auch Architektur als szenisches Bild erleben, in dem meine subjektive Erfahrung nicht vollständig auf mich zentriert ist, sondern wo sich mein Selbstverständnis exzentrisch in Wechselwirkung mit dem objektiven Raum herausbildet?[6] . Wir nennen die Art architektonischer Kapazitäten, um die es hier geht, ja gerade deswegen szenisch, weil wir unsere eigene Situation dabei in einer selbstreflexiven Perspektive wie von außen, wie auf einer Bühne, wahrnehmen.

Für den architektonischen Entwurf bleibt diese Art subjektiver Beteiligung in ihrer vollen Eindrücklichkeit unverfügbar, wird dem entgegengehalten, sie kommt erst über die Benutzer ins Spiel. So ergeben sich in der Konsequenz auch für den architektonischen Entwurf entgegengesetzte Positionen: Bietet man durch die Bereitstellung neutraler oder flexibler Räume den Bewohnern völlige Offenheit in der Aneignung des Raumes, dann verzichtet man damit auch auf die Identifikationsangebote, die zu den Grundfunktionen der Architektur gehören (darin geht szenische Kapazität entschieden über Nutzungskapazitäten hinaus). Geht die Strukturierung des Raumes in der Fixierung gebauter Bewegungs- und Handlungsdisposition aber zu weit, so riskiert sie, zur zwanghaften Anleitung und damit oppressiv zu werden.

Dilemma oder Gratwanderung: Was am Beispiel des hier vorgestellten Hauses Beer von Josef Frank in Wien demonstriert wird, sind architektonische Angebote zu szenischen Erfahrungen. Die Architektur soll nicht durch gebaute Betrachterpositionen Verhaltensvorschriften aufstellen, sondern „Spiel"-Räume des Handelns bieten und ein Zeremoniell der Bewegung ermöglichen. Szenische Kapazität wäre dann generell dasjenige Potenzial von Architektur, das – meist unterschwellig, zwanglos und auf undramatische Art – unser Handeln und unsere Bewegung im Raum bemerkenswert macht.

[1] *Es fällt auf, dass beide Autoren dieses Themenbereichs den zentralen Sachverhalt ihrer Erörterung mit dem Ausdruck „Kraftfeld" bzw. „Kräftefeld" bezeichnen. Vgl. Ulrich Schulze, Annas Haus: Raum und Bewegung bei Giotto und Josef Frank, in diesem Band, S. 56; Thomas Hasler: Szenische Kapazität, in diesem Band, S. 68.*
[2] *Ulrich Schulze, a.a.O., S. 58; Thomas Hasler, a.a.O., S. 69.*
[3] *Christian Norberg-Schulz: Logik der Baukunst (Oslo 1963). Gütersloh Berlin München 1968, S. 182.*
[4] *Bernhard Schneider: Was hat der linguistische Strukturalismus mit Entwerfen zu tun?, in: Konzept 1. Architektur als Zeichensystem, Tübingen 1971, S. 17.*
[5] *Vgl. Alban Janson, Sophie Wolfrum: Kapazität. Spielraum und Prägnanz, in: Der Architekt 5-6, 2006, S. 50-54.*
[6] *Dabei ist an die Vorstellung vom „gelebten Raum" zu erinnern, wie ihn Graf Karlfried von Dürckheim beschrieben hat. Vgl. Graf Karlfried von Dürckheim: Untersuchungen zum gelebten Raum (1932), hg. von Jürgen Hasse, Frankfurt/M. 2005.*

Annas Haus.
Raum und Bewegung bei Giotto und Josef Frank
Ulrich Schulze

„Wer einen Raum ordnet, wiederholt das exemplarische Werk der Götter. [...] Das Haus ist eine imago mundi." (Mircea Eliade, Das Heilige und das Profane)
Eine der wichtigsten Funktionen von Architektur ist m.E. die Bereitstellung von Raum als Medium menschlicher Handlungen. Leon Battista Alberti, im Rückgriff auf Aristoteles´ Physik, hat 1435 in seinem Malereitraktat den Raum in seiner topographischen Struktur definiert: „Jeder Gegenstand, der sich von der Stelle bewegt, kann sieben Wege machen (itinera movendi): nach aufwärts, nach abwärts, nach rechts hin, nach links hin, sich von hier nach dort entfernend, sich von dort auf uns zu bewegend. Die siebente Weise der Bewegung ist diejenige, die sich in kreisförmigem Umlauf vollzieht."[1]
August Schmarsow hat die Höhe als erste Dimension für den Menschen erkannt: „Denn sie ist als Dominante seiner aufrechten Gestalt gegeben. Sie ist die Trägerin des Schnittpunktes der drei Coordinaten unserer räumlichen Anschauung, die alle drei klar getrennt und rechtwinklig aufeinanderstehend auch in unserem Körper jede für sich hervortreten."[2] Die Breitenausdehnung (zweite Dimension) beschreibt Schmarsow als Tastregion. Schultern, Arme, Ellenbogen und Hüften könnten „ohne Beihülfe des Gesichts von unserm Körper aus beobachten,"[3] während die dritte, „die Tiefendimension, [...] im menschlichen Raumgebilde, dem bescheidensten wie dem grössten, gewöhnlich die *Lebensaxe*" repräsentiert, „um die sich das System von innern Zwecken herumordnet, das der Bau zur Einheit zusammenschliesst."[4]
Von nicht geringer Bedeutung dabei ist, dass Alberti und später Schmarsow überhaupt von Bewegung im Raume sprechen und nicht von bloßer Ortsbestimmung wie oben, rechts, vorn und hinten, d.h. die Raumerfahrung liegt im handelnden Subjekt, wobei es zunächst einmal ohne Bedeutung zu sein scheint, ob sich die Handlung im Raum, im Bild oder im Betrachter vollzieht. Ist der Raum in seiner topographischen Struktur noch reine Potenz, d.h. verhält er sich neutral zu jeder spezifischen Bewegung oder Richtung, und kann sich der Mensch anscheinend frei in ihm bewegen, legt der Chronotopos, der Weg-Zeit-Raum, bestimmte Richtungen im Raum fest.[5]
Die Achsen der Bewegung werden im Raum ausgewiesen, eindeutig und gerichtet, wenn auch auf diesen Achsen nicht tatsächlich auch Bewegung stattfinden muss: Alles, was eine Person oder Gruppe bewegt: Ideale, Wünsche, pragmatische Ziele, Zwänge, kann sich ebenso *nicht* realisieren und entwirft doch von dem einen Punkt aus eine Erzählachse durch den vorher bestimmten Raum – Theodor Hetzer hat das Providenz genannt, Zoran benutzt den Ausdruck Kraftfeld, englisch *prospectivity*.[6] D.h. der rein geometrische Raum scheint sich in dem Sinne zu verändern, dass eine Zeit- bzw. Erzählstruktur in diesem Bewegungssystem erkennbar wird. So wandelt sich die *gelegentlich* mögliche Bewegung durch eine neutrale Szene zu einer Konzeption des gesamten Raumes als eines Kraftfeldes, Raum, der eine eigene Kraft besitzt, eine gewisse Wirkung auszuüben vermag.

Gehen wir weiter davon aus, dass der Bau mit seinem gleichbleibenden Formausdruck nicht nur eine Grundstruktur zur Verfügung stellt, sondern zudem eine gewisse eigene Aktivität, zu welcher die Personenordnung nur die logische Ergänzung darstellt, so hätten wir hier vielleicht die grundsätzliche in Architektur zu vermutende szenische Kapazität, anders gesagt: Architektur fungiert als Medium von Handlungen, wobei Architektur als Formbildung im „Medium der Abschirmungen"[7] sowie deren sukzessiver Aufhebung zu verstehen wäre. Ich möchte versuchen, dies an einem kleinen Haus[8] ein wenig herauszuarbeiten: an Annas Haus, einem Architekturtypus, den Giotto für diesen Zweck um 1300 in Assisi und Padua entworfen hat.[9] Giotto gilt mit seinem speziellen Verfahren des illusionistischen Entwurfs als der erste nachantike Künstler, der der Malerei zugetraut hat, stellvertretend auch für Architektur und Plastik zu stehen.[10]

Annas Haus ist das schützende Haus, ein rechteckiger Raum, Kassettendecke, von einem flach geneigtem Dach gedeckt, glatte, grün gestrichene Wände, die vierte Wand entfernt, damit der Betrachter vor dem Bild die heilige Szene betrachten kann. Der Raum ist sparsam möbliert, die Dinge sind aufgeräumt, zur Hand. Es ist ein Haus der Frauen,[11] der geliebte Joachim weilt in den Bergen. Es herrscht, wie Gaston Bachelard sich auszudrücken beliebt, die „warme Mütterlichkeit des Hauses."[12] Der erfüllten Kleinheit kommt bei Giotto besondere Bedeutung zu, ist doch der Raum gerade so groß, daß er „vom darin wohnenden Menschen auch wirklich mit seinem Leben ausgefüllt werden kann."[13]

In Giottos Architektur findet man Bachelards archetypische Dreiteilung des Hauses wieder: Orte im Haus, die architektonische Potenzen ausbilden, da sie durch Elemente des Übergangs erschlossen werden: Schwelle, Treppe, Tür, Fenster - anstelle von Keller und Dachgeschoss bei Bachelard[14] in Italien die geöffnete Loggia und die offene Terrasse. Abschirmung durch Schließung *und* Öffnung: die Kommunikation wird über das Medium der Architektur in ihrer je spezifischen Art deutlich. Der „Dialektik des Draußen und Drinnen"[15] oder des Oben und Unten entspräche ein Ja oder Nein, im extremen Fall ein Sein oder Nichtsein, womit die Dialektik des Hier und des Dort in den Rang des Absolutums erhoben scheint.[16] Die Schwelle, ohnehin etwas Heiliges, fungiert als geometrischer Ort des Kommens und Gehens im Hause. Sie ist einer der Brennpunkte des Lebens: über die Schwelle ins Zentrum zum Ziel.[17]

In diese Intimsphäre der Privatheit, die wohlverschlossene Unverletzlichkeit der Wohnung Annas,[18] findet ein Einbruch des Göttlichen statt, durch das Fenster, eine Öffnung reiner Bildhaftigkeit, die nur der Außenschau der Bewohner bzw. dem Eintritt des Lichts zugerichtet ist, eine Art Englischer Hausfriedensbruch. Doch das Licht, das der Engel, der die ihm enge Öffnung besetzt, mit ins Innere bringt, das Licht der Welt, unabhängig von der realen Beleuchtung der Ka-

Giotto, Verkündigung an Anna, Arenakapelle in Padua, 1302-05
Giotto, Geburt Mariens, Arenakapelle in Padua, 1302-05

pelle, zeugt eben von der Sakralität des Ereignisses und bestätigt den, so Mircea Eliade, implizit heiligen Charakter des Hauses.[19] Aus der Perspektive der realen Raumerfahrung gewinnt der Betrachter der Bildarchitekturen Giottos in der Arenakapelle in Padua eine neue Dimension. Es ist des öfteren bemerkt worden, dass die aus dem Bauwerk herausgeschnittene vierte Wand eine rezeptionsästhetische Funktion besitzt.[20] Sie ermöglicht es dem Betrachter in höherem Grade als in der Bildwirklichkeit außerhalb des Hauses, d.h. vor dem Haus in der Laube, anders als der ausgeschlossenen Magd, an dem heiligen Geschehen teilzuhaben. Ihren Raum hat Giotto mit dem Realraum der Kapelle über die Angleichung an die Beleuchtung durch die Kapellenfenster verbunden.[21] Die Öffnung des kleinen Hauses auf den Betrachter außerhalb des Bildes entspricht etwa der Situation im Theater, wo dem Geschehen eine Bühne eingerichtet ist, die auf den Zuschauerraum ausgerichtet ist.

Die fehlende vierte Wand, im Theater das Proszenium, bildet hier die ästhetische Grenze zwischen den beiden Sphären, die zunächst nicht überschritten werden darf, da die beiden Sphären idealiter nichts voneinander wissen, die aber, übrigens auch schon bei Giotto, immer zur Manipulation angeregt hat, da die Situation von Handlung hier besonders ausgesetzt, prekär oder riskant erscheint.[22] Tatsächlich legt Giotto dem Betrachter nahe, den Bildraum im Sinne einer möglichen Exzentrik des Bewusstseins meditativ zu betreten, in dem Sinne, dass er von der sich ihm zuwendenden Magd direkt angesprochen wird und damit auch zu ihrer Bildwirklichkeit gehört.

In der Historia, Albertis Leitbegriff, interpretierbar als szenische Anordnung von Figuren im Raum, ist der Ausdruck nach *zwei* Seiten gerichtet: nach *innen* auf den Vorgang und nach *außen* zum Betrachter: „Ferner empfiehlt es sich, daß in einem Vorgang eine Person anwesend ist, welche die Betrachter auf die Dinge hinweist, die sich da abspielen: sei es, daß sie mit der Hand zum genauen Hinschauen auffordert, oder daß sie – gleichsam als müsse die betreffende Sache geheim bleiben – mit finsterem Antlitz und strengen Augen droht, man dürfe nicht hinzutreten [...]."[23] Diese Funktion übernimmt in Giottos Fresko die Magd unter der Loggia – oder: Kann die Loggia als Architekturtypus diese Funktion vielleicht selbst übernehmen? Zumindest wirkt die Architektur bei diesem Vorgang unterstützend. Die Magd entspricht, wie Michael Baxandall gezeigt hat,[24] dem sog. Festaiuolo des geistlichen Schauspiels, einer Chorfigur, die während der Handlung auf der Bühne präsent bleibt und zwischen der Handlung und den Betrachtern vermittelt.[25]

Der Betrachter wird in die Bildwelt der Magd eingeladen, doch diese liefert nur einen materiellen Abglanz der Wirklichkeit, indem sie mit Spindel und Rocken die geometrische Position der Hauptszene Anna/Engel im Raum zu greifen oder raumgreifend nachzuvollziehen sucht. Er kann aber der Anweisung der Magd aufgrund seiner privilegierten Stellung auf andere Art folgen, indem er sein Bewusstsein in den Schauraum selbst versenkt, die ästhetische Grenze überschreitet, teilhat an der Offenbarung Annas.

Man könnte formulieren, er wird Anna in dem Sinne, dass er mit Helmuth Plessner das Zentrum des Bewusstseins aus dem wahrnehmenden Körper in das wahrgenommene Objekt hineinverlegt, denn sobald „sich die räumliche Form klar konstituiert, erkennt der Betrachter den ‚Zielpunkt' seiner Erfahrung [...] als raumzentrierend, und nicht mehr den Ausgangspunkt, d.h. das Auge."[26] „Was ist mein Leib, der meinen Willen gebraucht, anderes als eine bewegte Figur, die ich sehe wie die Figur eines anderen."[27] Auch Merleau-Ponty spricht in seiner Phänomenologie davon, dass man in der Einfühlung durchaus auch den Leib eines anderen bewohnen könne. Das Bewusstseinszentrum wird vom Körper autonom, es kann im Raum umherwandern und sich vom Körper unabhängig positionieren.[28]

Ambrogio Lorenzetti, Auswirkungen des guten Regimentes im Palazzo Publico di Siena, dem Rathaus von Siena, Detail, 1338-39

Annas Raum ist ein Handlungsraum. Dieser ist unterschieden vom hodologischen Raum:[29] Das Zuhandene ist aufgeräumt, bei Heidegger die „Räumlichkeit des Innerweltlich-Zuhandenen", nicht die „Räumlichkeit des In-der-Welt-Seins". Dabei entsprechen Nähe und Richtung der Dinge auf ihren Plätzen die Charaktere der „Entfernung" (nahe werden) und der „Ausrichtung",[30] während etwa Sartre davon handelt, dass der Mensch sich auch die hodologischen Beziehungen im Raume situiere.[31] Dabei ist mit Situation nicht die objektive räumliche Lage gemeint, sondern das von innen her entworfene Verhältnis zur Welt, die Providenz. „So bestimmen das Ordnungsganze der Plätze [...] und der Spielraum meines Verhaltens [...] in ganz genauer Korrelation zusammen meinen Handlungsraum."[32]

Die Ausweitung des Handlungsraumes vollzieht bei Giotto die spinnende Magd, eine andere Parze, die in der die Geschichte initiierenden raumgreifenden Bewegung des Spinnens im „Außen" der Loggia auf einen anderen Raum bezogen erscheint. Denn das Zuhandene im strengen Heideggerschen Sinne sind nicht nur die vom Menschen ordnend hingestellten Dinge, sondern diese sind auch von ihm zuvor hergestellt: das hölzerne Bett, die gewebte Bettdecke usw., vor allem die Truhe, ein Schatzkästlein der Dinge, voll des Zeugs, gleichsam ein Haus der Dinge im Haus des Menschen.[33]

Der Raum, gebaut und eingerichtet durch menschliche Arbeit: die Welt der Stadt, wobei über den Verweis der Magd auf die Herstellung der Grundstoffe etwa des Gewebes zugleich mit ihrem Außensein gegenüber dem Innern der Historia auf ein anderes Außen verwiesen wird: Im hodologischen Raum Sartres erscheint die Verbindung zum ländlichen Raum, in den die Zivilisation ausgreift und durch die Tätigkeit des städtischen Gewerbes die Schafzucht auf dem Lande kultiviert, fördert und sichert. Gerade die behütete Häuslichkeit der Kammer Annas empfängt im Fenster mit dem Engel zugleich die Botschaft ganz anderer Räume: ferner hodologischer Räume der Wanderschaft in Bethlehem, Ägypten, Jerusalem. Auf diese Potenz der Providenz verweist vielleicht die leerstehende, nicht genutzte Terrasse, ein Hochsitz der Schau.

Gerichteter Raum: Annas Haus ist gerichteter Raum in dem Sinne, dass Anna und der Engel aufeinander bezogen erscheinen. Dieses Motiv wird noch verstärkt durch die orthogonal in den Raum gestellten Gegenkoordinaten von Bett und Truhe, wiederum abbildlich wiederholt im Sitzmotiv der Magd, während in der Geburtsszene, die im selben Haus der Anna stattfindet, ein als eher tänzerisch-erzählendes Moment aufzufassendes Hin- und Zu- und Abwenden das Hauptmotiv der Kommunikation im Raum bildet.

Man könnte in der Varietas der Wendungen das abstrakte Motiv des Tanzes erkennen: Der Tanz als gleichsam ins Abstrakte gesteigerte Form der Bewegungsmöglichkeiten im Raum, die nicht auf eine Richtung bezogen sind. In der Geburtsszene sind die Koordinaten deshalb unbetont, das Bett rückt ins Zentrum. Der Raum erscheint eher zentriert, nicht gerichtet.

Sind die Sinne erst einmal für diese Details Giottos räumlicher Bestimmtheit geschärft, so erkennt man in dem zum Bade zugerichteten Becken an der ästhetischen Grenze vorn die auf diesen Zusammenhang verweisende Rundform. Bewegungsrichtungen durch den Raum unterscheiden sich von solchen in dem Raum, d.h. das Verhältnis zum Raum verändert sich.

Während der Raum im ersten Fall ein nur äußerliches Medium bleibt, durch das wir uns hindurchbewegen, so werden wir im Fall des Tanzes gleichsam im Raum zentriert. Erwin Straus ist der Meinung, der Mensch werde selbst Teil des Raumes.[34] So könnte man in Anlehnung an Ludwig Binswanger den Raum der Geburt als „Räumlichkeit des liebenden Miteinanders" beschreiben.[35]

Bei Ambrogio Lorenzettis Buon Governo im Rathaus von Siena wird der städtische, öffentliche Raum durch die Concordia, die Harmonie des liturgischen Tanzes, auf der Piazza gegenüber allen klar gerichteten Handlungen der breit erzählten politischen Allegorie nicht gerichtet, es gibt kein Ziel, die Bewegung konstituiert eine fühlbare Mitte des städtischen Kosmos, indem sie zyklisch wird. „Denn mit dem Fortfallen eines im Raum zu erreichenden Ziels gibt es auch keinen natürlichen Abschluß der Bewegung. Sie kann ins Endlose weitergehen und muß darum, wenn sie sich nicht im Raum verlieren will, eine zugleich zyklisch in sich zurückkehrende Bewegung sein."[36] Straus spricht von zwei verschiedenen Grundformen der Bewegung, die auf zwei unterschiedliche Modi des Räumlichen bezogen sind.[37] Giotto, dessen Tanzszene der „Justitia" in der Arenakapelle dem Reigen Ambrogio Lorenzettis vorangeht, entwirft mit Annas Haus *eine* Räumlichkeit, die durch *verschiedene* Modi der Bewegung bespielbar ist. „Beim Gehen", sagt Straus, „legen wir eine bestimmte Entfernung zurück, gehend durchmessen wir den Raum. Der Tanz dagegen ist eine nichtgerichtete [...] Bewegung. [...] Es fehlt ihr, wie der Bezug auf Richtung und Entfernung, ebenso der Bezug auf räumliches Maß und auf räumliche und zeitliche Grenze."[38] Tanzen ist eine zeitlich wie räumlich unbegrenzte Bewegung in einem richtungslosen und ungegliederten Raum. Gegen den gerichteten historischen Raum, der die Tanzenden in Siena umgibt, den "Raum, in dem wir leben,"[39] ist die Richtungslosigkeit des Tanzes formuliert; die Tänzer sind nicht Teil der abgebildeten Vorgänge, sondern erzeugen ihre eigene Wahrheit: „Beim Tanz spüren wir offenbar nichts von der Dynamik des historischen Raumes."[40] Während der gerichtete Raum ein nur äußerliches Medium bleibt, durch das wir uns innerlich unberührt hindurchbewegen, so werden wir im Fall des Tanzes gleichsam im Raum zentriert, d.h. wir werden gewissermaßen selbst Teil des Raumes.[41] Wesentlich wäre dabei das von Plessner betonte Prinzip der möglichen Exzentrizität der Wahrnehmung des Selbst im Verhältnis zu seinem von diesem bewohnten Körper. Der Tanz bzw. die für ihn stehende Kommunikation der Menschen im Raum, wie sie z.B. Rudolf Schwarz für den Sakralbau des 20. Jahrhunderts formuliert hat, wird zum tiefen metaphysischen Erlebnis, in dem, so Straus, die Spaltung zwischen dem Menschen und seiner Welt überwunden wird und er es wieder erfährt: „Eines zu sein mit allem, was lebt."[42] Den Tanzraum definiert Straus gegenüber dem gerichteten historischen Raum, dem er nicht zugehört, als symbolischen Teil des Weltraumes. „Er ist nicht durch Entfernung, Richtung und Größe bestimmt, sondern durch Weite, Höhe, Tiefe und Eigenbewegung des Raumes."[43] Im präsentischen Raum, der zeitlos ist, nur Gegenwart, vollzieht sich der Tanz in Siena. Es ist dabei gerade diese Zwecklosigkeit, die den Tanz über das bloß historisch handelnde Dasein erhebt. Im Tanz ergreift der Tänzer ein Stück der Ewigkeit. Nur so lässt sich etwa auch der biblische Tanz Davids vor der Bundeslade verstehen. Lorenzetti versinnbildlicht so den glückhaft gestimmten, in sich ruhenden Raum der Stadt, an sich über den Contado in die Welt geweitet, aber in sich selbst im Mittelpunkt des Reigens auf der Piazza den mythischen Ursprung Sienas bergend.

Zurück zu Giottos Geburt Mariens im Haus Annas: Neben dem „Reigen" um die Geburt der Gottesmutter wäre vielleicht auch der Begriff des Einräumens[44] nützlich, denn hier geht es neben dem Durchreichen der Geschenke,[45] dem Zureichen des Kindes, dem Bereiten des Bades auch um das *rivalitätslose* Einnehmen von Raum, das eben auch in den kommunikativen Handlungen des Gebens und Nehmens eingeschlossen erscheint, wobei Giotto bei der Frau unter der Loggia auch dem Geben ohne Nehmen ausdrücklich Raum einräumt.[46] Eine Tür ist eine Kraft: „Es ist dem Menschen im Tiefsten wesentlich, daß er sich selbst eine Begrenzung setze, aber mit Freiheit, d.h. so, daß er diese Begrenzung auch wieder aufheben und sich außerhalb ihrer stellen kann."[47] Der Mensch verschließt sein Haus vor

Ambrogio Lorenzetti, Der heilige Nikolaus erweckt ein Kind zum Leben, Uffizien in Florenz, 1332

anderen Menschen und bleibt für diese unerreichbar – Annas Haus der Verkündigung; er öffnet sein Haus und die architektonische Versprechung der Loggia wird durch den Einlass der Nachbarschaft eingelöst – Annas Haus der Geburt. Giotto hat allerdings neben Loggia und Tür einen weiteren Filter eingebaut, den Bollnow etwa auch bei nordeuropäischen Blockhäusern wiedergefunden hat, denn nicht bautechnisch begründet, sondern dem Schutzbedürfnis geschuldet, ist die niedrige Tür, vor der der Eintretende sich zu neigen hat: „denn das bedeutet, daß er sich, wenn er den Raum betreten will, zunächst in einen Zustand der Wehrlosigkeit begeben muß."[48] Andererseits gibt in Giottos Räumen keine „wegräumende Verdrängung des ‚Anderen' von seinem Platze in einer vorbestimmten Gegend" und das „Einnehmen dieses Platzes durch den Verdrängenden." Niemand wird hier zudringlich. Man könnte durchaus auch an Heideggers „Räumlichkeit des umsichtigen Besorgens" denken als gleichsam übergeordneten Begriff des „liebenden Miteinanders" oder der „verwandtschaftlich-freundschaftlichen bis nachbarschaftlichen Anteilnahme".[49]

Kommen wir zu den Begriffen Chronotopos und hodologischer Raum[50] und betrachten mit Wolfgang Kemp ein Haus, eigentlich einen Palast, den der Sieneser Maler Ambrogio Lorenzetti für die Aufführung eines Wunders des Hl. Nikolaus entworfen hat. In der offenen Sala des Obergeschosses ist dem Sohn des Hauses ein Bankett gerichtet, denn er hat einen Studienplatz erhalten und wird das Elternhaus bald verlassen. Während der Tafel erscheint der Teufel – als Pilger gleichsam die personifizierte Fremde – und bittet um Almosen. Der Sohn soll ihn bedienen. Er erscheint am oberen Treppenabsatz, der Teufel lockt ihn die Treppe hinunter in den Hof und bringt ihn im wahrsten Sinne des Wortes um die Ecke. In einer Kammer im Erdgeschoß wird er aufgebahrt, dem Betrachter durch die in einer großen Arkade herausgeschnittene vierte Wand einsehbar. Um ihn herum führt eine Anzahl von vier Sympathisanten die möglichen Affekte vor, denn der Student wird durch die der Treppe des Schreckens gleichsam chiastisch entgegenwirkende Kraft des Heiligen soeben vom Nichtsein der Waagerechten zum Sein in die Vertikale befördert, die Tat des Teufels postwendend rückgängig gemacht, räumlich betrachtet sein Plan durchkreuzt.

Das anthropomorphe Modell der Architektur liefert die Begriffe für die menschliche Situation: Lasten/Liegen = Tod – Tragen/Stehen = Leben, d.h. der Mensch hat mit seiner aufrechten Vertikalachse sein lebendiges Sein im Raum zurückerlangt. Der kleine Palast ist von Lorenzetti als mit Wegen, Durchgängen, Durchblicken, Räumen differenzierter Öffentlichkeit als Chronotopos so hergerichtet worden, dass man eine ganze Palette an Begrifflichkeiten an ihm erproben kann: draußen/drinnen, oben/unten, vorn/hinten, Nähe/Ferne, Enge/Weite, Aufsicht/Durchsicht/Untersicht, Aufstieg/Abstieg, Schwelle, Zentrum, Ziel, Schwerpunkt, Spannungsfelder, Öffentlichkeit, Privatheit usw. - ein Haus des gemeinsamen, erlebenden Wohnens. Die Frage, die hinter diesen Überlegungen steht, lautet, ob die Erkenntnisse über die Räume der Maler möglicherweise Rückschlüsse erlauben auf das Szenographische in der Architektur, d.h. deren Potenz, den Architekturbenutzer wie den Architekturbetrachter in besonderer Art und Weise aufeinander zu beziehen. Dazu zwei Beispiele, mit denen zwei wichtige Architekten des zwanzigsten Jahrhunderts diese Potenzen ausgelotet haben.

Im Bauhaus lenkt die Überblendung des Innen- und Außenraumes den Blick des Betrachters: im Wechsel von Hineinsehen zum Hinaussehen im Hindurchsehen. Das Treppenhaus, in dem sich das Kraftfeld des Raumes konzentriert, wandelt permanent den Betrachter zum Betrachteten. Schlemmer im Bild, Moholy-Nagy im Wort haben die Wechsel der Zuwendungen als Bewegung und als Tanz beschrieben: „von der seite des subjekts aus ist also raum am unmittelbarsten erlebbar durch bewegung, auf einer höheren stufe durch den tanz. der tanz ist gleichzeitig ein elementares mittel zur erfüllung raumgestalterischer wünsche. er kann den raum verdichten, ihn gliedern: der raum dehnt sich, sinkt und schwebt - fluktuierend in allen richtungen".[51]

Für den Theaterregisseur, -theoretiker und -architekten Edward Gordon Craig tritt in der Kunst des Theaters aus der Reihe gleichwertiger optischer und akustischer Bestandteile ein Element beherrschend in den Mittelpunkt, das er als das eigentliche formale Medium des Theaters erkennt: das Phänomen der Bewegung im Raum. Sein mit vier Skizzen programmatisch illustriertes Drama „The Steps" von 1905 gibt diesen Tendenzen einen formalen Rahmen. Zum Hauptakteur ist die Architektur geworden, denn Craig dreht das Verhältnis der Architektur zum Architekturbenutzer um: „Wenn mich auch diese Gestalten – Mann und Frau – in gewissem Maße interessieren, so ist es doch im Grunde genommen die Treppe, die mich bewegt. Mann und Frau beherrschen die Treppe nur einen Augenblick lang, aber die Treppe steht für alle Ewigkeit. […] Wäre diese Treppe eine tote Sache, sie wäre grenzenlos traurig, aber im Gegenteil, sie erzittert von einem lebendigeren Leben als dieser Mann und diese Frau."[52]

Josef Frank hat gegen den Zweckrationalismus des Neuen Bauens gerichtet ein modernes Wohnhaus des Lebens gefordert, dessen Elemente er dem Bohèmeatelier im Mansardedach entlehnen möchte. Denn dieses sei aus Zufällen aufgebaut und enthalte das, was wir in den darunterliegenden, planvoll und rationell eingerichteten Wohnungen vergeblich suchten: Er nennt es Leben. „Große Räume, große Fenster, viele Ecken, krumme Wände, Stufen und Niveauunterschiede, Säulen und Balken, – kurz all die Vielfältigkeit, die wir im neuen Haus suchen, um der trost-

Edward Gordon Craig,
Skizzen zum Drama "The Steps", 1905

losen Öde des rechteckigen Zimmers zu entgehen [...]."[53] Die Arbeit des Architekten sei das Ordnen dieser Elemente zu einem Haus, das wie eine Stadt anzulegen sei, erinnern wir uns an den einleitenden Satz von Mircea Eliade,[54] mit Straßen und Wegen, die zwangsläufig zu Plätzen führten, welche vom Verkehr ausgeschaltet seien, so dass man auf ihnen ausruhen könnte. Franks Ansatz ist der der Bewegung im Hause und sein Beispiel zeigt deutlich, dass diese Bewegung eine des Sehens und des Gesehenwerdens ist, d.h. sie erhält szenische Aspekte, kleine Öffentlichkeiten, weshalb er zur Erklärung die Metapher der Stadt gebraucht, wie vor ihm neben Eliades Abbild der Welt auch Alberti, allerdings politisch gewendet, und natürlich Palladio: Er sagt in seinem ersten Buch über die (Privat-)Loggia, die vor der vorderen oder hinteren Fassade, also im Innenhof, an der Mittelachse oder an den Seiten des Gebäudes liegen kann: „Diese Loggien dienen zu vielerlei Zwecken, so zum Spazierengehen, zum Essen oder zu anderen Vergnügungen [...]. Daneben haben alle wohl angelegten Räume in der Mitte und in ihrem schönsten Teil einige Räumlichkeiten, die mit allen anderen in Beziehung stehen. Im Erdgeschoss nennt man sie gewöhnlich Eingänge, im oberen Gebäudeteil Säle (für Feste, Gastmahle, Aufführung von Komödien, Hochzeiten etc.). Sie sind gleichsam öffentliche Plätze. Bei den Eingängen stehen jene, die darauf warten, daß der Hausherr das Gebäude verlässt, um ihn dann zu grüßen oder mit ihm geschäftlich zu verhandeln. Diese Eingänge sind neben den Loggien jene Teile des Hauses, die sich dem Eintretenden als erstes darbieten." Und im zweiten Buch, 1. Kapitel heißt es, dass gerade „die großen Edelleute und besonders die in öffentlichen Ämtern Häuser mit Loggien und weiträumigen, verzierten Sälen bedürfen, damit sich an solchen Orten jene mit Vergnügen aufhalten können, die darauf warten, den Herrn zu begrüßen, oder die ihn um eine Hilfe oder Begünstigung bitten wollen."[55]

Josef Frank (zusammen mit Oskar Wlach),
Haus Beer, Wenzgasse 12, Wien, 1929-30,
Gartenseite
Halle (Blick auf Treppe / Blick auf das Zwischengeschoss)
Grundrisse

Bei Josef Frank bildet die Treppe das Zentrum des hier abgebildeten Wohnhauses Beer im dreizehnten Bezirk der Wiener Wenzgasse. „Sie ist so geführt, daß sämtliche Wohnräume auf verschiedenen Zwischenpodesten liegen. Ihr Grundgedanke ist der folgende: Man betritt die Halle auf die Stiege zu. Diese, da sie wieder zurückführt, wendet ihre ersten Stufen dem Eintretenden zu. Während er sie betritt, sieht er auf dem ersten Podest durch eine große Öffnung in das wichtigste Zimmer des Hauses, das Wohnzimmer. Von diesem Podest führt sie mit geradem Lauf zu den beiden versteckteren, aber mit dem Wohnzimmer zusammenhängenden Räumen, Arbeitszimmer [Bibliothek] und Salon. Hier ist das Wohngeschoss zu Ende. Um dies zu betonen, führt nun die Stiege in umgekehrter Wendung in das nächste Geschoss mit den Schlafräumen, und eine deutliche Teilung des Hauses ist dadurch erreicht."[56]

Am Ende, das bei Frank am Anfang steht, beschreibt er die Regeln für das gute Haus als ein Ideal, das sich prinzipiell nicht änderte und nur immer neu betrachtet werden müsste: Es sind die Regeln, die sich bereits bei Giotto andeuteten, bei Lorenzetti verdichtet wurden, die nach dem Raum als Wegraum fragen, der in seiner Disposition dem Wohnen Spielraum verleiht, vielleicht eine szenische Kapazität, wenn sie gebraucht wird. Die wichtigen und noch immer richtigen Fragen Franks lauten: „Wie tritt man in den Garten ein? Wie sieht ein Weg zum Haustor aus? Wie öffnet man ein Haustor? Welche Form hat ein Vorraum? Wie kommt man vom Vorraum an der Garderobe vorbei ins Wohnzimmer? Wie liegt der Sitzplatz zu Tür und Fenster? Wie viele solche Fragen gibt es, die beantwortet werden müssen, und aus diesen Elementen besteht das Haus. Das ist moderne Architektur."[57]

Das Gemeinsame von Giotto, Lorenzetti, Craig und Frank, meine Rechtfertigung für das Vergleichen von an sich Unvergleichbarem, ist eine Raumauffassung, die aus dem Prinzip der Aktivität resultiert. Die Erzählung wird Wirklichkeit oder umgekehrt die Wirklichkeit zur Erzählung, indem das Moment der Bewegung im Raum in das Spiel von Betrachter und Betrachtetem eingeführt wird. Architektur und Figur(ine) sind gleichermaßen aktiv. Ein abschließender Satz über Giotto mag seine Gültigkeit an den Beispielen des 20. Jahrhunderts erweisen: „Die Architekturen sind an der Szene beteiligt, indem sie den Ort der Handlung so eindringlich wie möglich vorführen; sie spielen gewissermaßen mit, indem sie die Gebärden, Haltungen und Bewegungen der Figuren unterstützen – damit der Betrachter versteht, was da vor sich geht. Diese „Aktivität" unterscheidet die Architekturen Giottos grundsätzlich […]."[58] Und den Architekturbetrachter, soviel ist gewiss, haben wir nicht unbedingt nur außerhalb der Szene zu vermuten.[59]

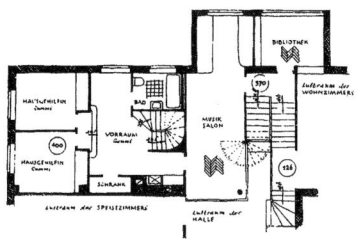

WOHNHAUS WIEN XIII

Josef Frank
Oskar Wlach

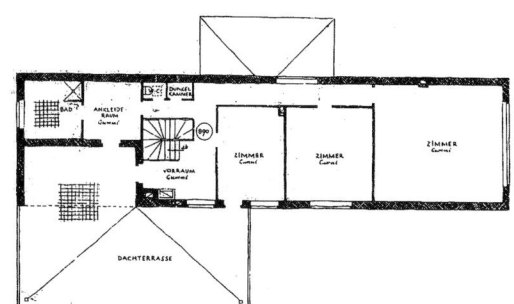

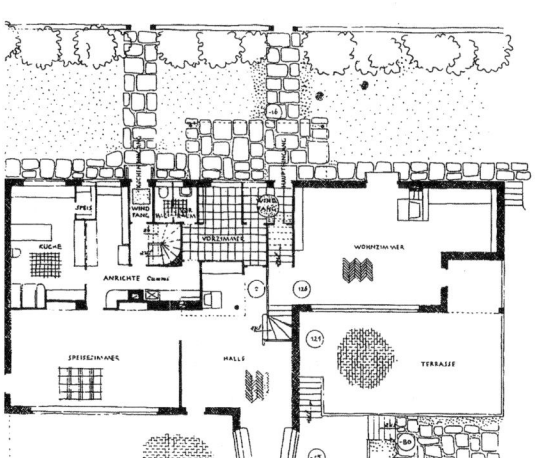

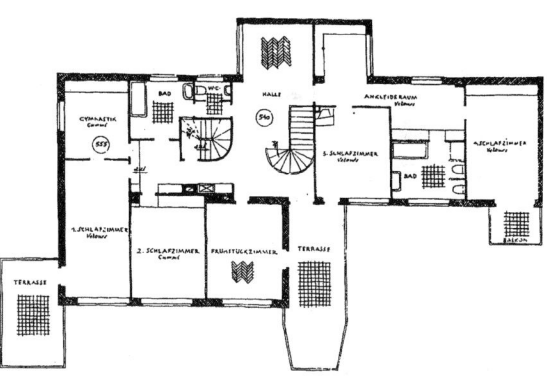

[1] Leon Battista Alberti: De Pictura, Kap. 43; Leon Battista Alberti: Das Standbild. Die Malkunst. Grundlagen der Malerei. De Statua - De Pictura - Elementa Picturae, hg., eingeleitet, übersetzt und kommentiert von Oskar Bätschmann und Christoph Schäublin unter Mitarbeit von Kristine Patz, Darmstadt 2000; Wolfgang Kemp: Die Räume der Maler. Zur Bilderzählung seit Giotto, München 1996, S. 88.

[2] August Schmarsow: Der Werth der Dimensionen im menschlichen Raumgebilde, Leipzig 1896, S. 44-61.

[3] Ebd.

[4] Ebd.

[5] Kemp (wie Anm. 1), S. 31; vgl. auch Michail Bachtin: Formen der Zeit im Roman. Untersuchungen zur historischen Poetik, Frankfurt a. M. 1989.

[6] Ebd. S. 88; Theodor Hetzer: Giotto. Seine Stellung in der europäischen Kunst, Frankfurt a. M. 1960, S. 122; vgl. auch Gabriel Zoran: Towards a Theory of Space in Narrative, in: Poetics Today 5, 1984, S. 318.

[7] Ebd. S. 36.

[8] Otto Friedrich Bollnow: Mensch und Raum, Stuttgart 1963, zit. nach der 7. Auflage 1997, S. 151: „Weiterhin spielt auch die Größe des Raumes eine Rolle. Große Räume wirken leicht ungemütlich. Eine gewisse Kleinheit scheint der Wohnlichkeit eher vorteilhaft zu sein, doch wirkt eine zu große Kleinheit leicht wieder beängstigend."

[9] Carl Nordenfalk: Outdoors – Indoors: A 2000 Year-Old Space Problem in Western Art, in: Proceedings of the American Philosophical Society 117, 1973, S. 233-258.

[10] Gerhard Schmidt: Giotto und die gotische Skulptur. Neue Überlegungen zu einem alten Thema, in: Römische Historische Mitteilungen 1979; 21, S. 127-144, S. 136.

[11] Intimität erfordert „weibliche Gegenwart". – Eugène Minkowski: Espace, intimité, habitat, in: Situation, S. 183; zit. n. Bollnow (wie Anm. 8), S. 150ff.

[12] Gaston Bachelard, La poétique de l'espace, Paris 1958, deutsch: Poetik des Raumes, München 1960, S. 40.

[13] Bollnow (wie Anm. 8), S. 151.

[14] Ebd. S. 58.

[15] Ebd. S. 242ff.

[16] Vgl. Kemp (wie Anm. 1), S. 36ff; Bollnow (wie Anm. 8), S. 135ff.

[17] Bachelard 1957 (wie Anm. 12), S. 221.

[18] Bollnow (wie Anm. 8), S. 136.

[19] Mircea Eliade: Das Heilige und das Profane. Vom Wesen des Religiösen, Hamburg 1957, S. 13ff.

[20] Vor allem Kemp (wie Anm. 1); Nordenfalk (wie Anm. 9), S. 142, Abb. 14, führt die Erfindung des Zuhörers vor der verschlossenen Tür eines solchen Gehäuses auf das Relief mit dem ungläubigen Thomas des mittleren Westportals des Straßburger Münsters, um 1280, zurück.

[21] Paul Hills: The Light of Early Italian Painting, New Haven 1990. Giotto hat die inneren Beleuchtungsverhältnisse seiner Bilder auf das große Tripelfenster der Eingangswand hin koordiniert, d.h. auf eine äußere Lichtquelle. „Die beiden Räume von Annas Haus - Vorbau und Schlafzimmer - sind aufgrund verschiedener Konventionen einsehbar. Wir sehen die Spinnerin unter dem Vorbau so, wie wir sie sehen würden, wenn wir außerhalb eines solchen Gebäudes stünden. Hingegen schauen wir in das Schlafgemach nur, weil die vierte Wand fehlt. Daß Giotto ganz im Bewußtsein des konventionellen Charakters dieser Entscheidung handelte, wird durch die Unterschiede in der Lichtgestaltung deutlich. Während die bleiche Schwelle des Vorbaus nach hinten zu langsam grünlich verschattet wird, gibt es einen solchen Übergang auf dem braunen Fußboden von Annas Zimmer nicht. Offenbar steht der Vorbau dem Licht so offen wie unserer Sicht. Anders verhält es sich beim Schlafzimmer." – zit. n. Wolfgang Kemp: Die Logik des Kontextes, Rez. von Hills Aufsatz über Giotto in der o.a. Publ. in der FAZ.

[22] Dagobert Frey, Zuschauer und Bühne, in: Kunstwissenschaftliche Grundfragen. Prolegomena zu einer Kunstphilosophie, Wien 1946, zit. n. Darmstadt 1992, S. 167: „Zwei verschiedene Welten stehen sich gegenüber, die aber notwendig zueinander in Beziehung treten müssen." - Frey hat neben den polar entgegengesetzten Grundformen Übergangsformen in vielerlei Manifestationen unterschieden: Distanzierung, Scheidung, Gegensätzlichkeit der beiden Realitätssphären, auf der anderen Seite Annäherung, Durchdringung, Identifizierung, wobei der Vereinheitlichungsvorgang einerseits durch ein Versetzen des Zuschauers in den Illusionsraum des Schauspiels, andererseits durch ein Hineinziehen des dramatischen Vorgangs in die Lebensrealität des Zuschauers erfolgen kann.

[23] Alberti: De Pictura (wie Anm. 1), Kap. 42.

[24] Michael Baxandall: Painting and Experience in Fifteenth Century Italy, Oxford 1971, S. 131f.

[25] Der Begriff der Bühne, mithin das Szenographische, scheint bereits für Alberti in seiner retrospektiven Betrachtung der Malerei der angemessene Terminus vor der Verwendung des Begriffs des Fensters.

[26] Helmuth Plessner: Die Stufen des Organischen und der Mensch (1928), 3. Aufl., Berlin, New York 1975, S. 291f.

[27] Ders.: Die Einheit der Sinne. Grundlinien einer Aesthesiologie des Geistes, Bonn 1923, S. 41ff.

[28] Nach Thomas Hasler: Architektur als Ausdruck – Rudolf Schwarz, Zürich, Berlin 2000, S. 206f.

[29] Vgl. Bollnow 1963 (wie Anm. 8), S. 191ff.

[30] Martin Heidegger: Bauen, Wohnen, Denken, in: Vorträge und Aufsätze, Pfullingen 1954, S. 145ff, S. 162; ders.: Sein und Zeit, Halle a.d. Saale 1927, S. 54, S. 102.

[31] Jean Paul Sartre: Das Sein und das Nichts, Hamburg 1962, S. 392.

[32] Ebd.

[33] Das Bett im Vergleich zu „Herd und Tisch als Mitte des Raumes" – Bollnow (wie Anm. 8), S. 163.

[34] Erwin W. Straus: Die Formen des Räumlichen. Ihre Bedeutung für die Moderne und die Wahrnehmung, in: Psychologie der menschlichen Welt. Gesammelte Schriften, Berlin, Göttingen, Heidelberg 1960, S. 141ff.

[35] Ludwig Binswanger: Das Raumproblem in der Psychopathologie, in: Ausgewählte Vorträge und Aufsätze, 2 Bde., 2. Bd., Bern 1955, S. 174ff.

[36] Bollnow (wie Anm. 8), S. 250.

[37] Straus (wie Anm. 34), S. 160.

[38] Ebd., S. 164.

[39] Ebd., S. 175.

[40] Ebd., S. 176.

[41] Ebd., S. 164ff.

[42] Hölderlin, Hyperion, zit.n. Bollnow (wie Anm. 8), S. 252.

[43] Straus (wie Anm. 34), S. 176f.

[44] Heidegger: Sein und Zeit (wie Anm. 28), S. 102.

[45] Kemp 1996, S. 47.

[46] Unter dem Begriff der Wohnlichkeit/Intimität beruft sich Bollnow (wie Anm. 8) auf Minkowski, der betont, daß die Intimität immer eine offene Tür habe, die jedoch nicht für jeden beliebigen offenstehe. Die Intimität versichere so ihre Bedeutung für das Leben, indem das Heim zugleich „für einen kleinen Kreis sympathisierender Freunde und naher Menschen offensteht."

[47] Georg Simmel: Brücke und Tür. Essays des Philosophen zur Geschichte, Religion, Kunst und Gesellschaft, hg. M. Landmann, Stuttgart 1957, S. 4.

[48] Bollnow (wie Anm. 8), S. 155f.

[49] Heidegger: Bauen, Wohnen, Denken (wie Anm 28), S. 145ff.

[50] Michail Bachtin: Formen der Zeit im Roman. Untersuchungen zur historischen Poetik, Frankfurt/M. 1989; vgl. dazu Kemp (wie Anm. 1), S. 31.

[51] Moholy-Nagy, zit. n. Karin Wilhelm: Sehen - Gehen - Denken. Der Entwurf des Bauhausgebäudes (1929), in: Das Bauhausgebäude in Dessau 1926-1999, Stiftung Bauhaus Dessau, Margret Kentgens-Craig (Hg.), Basel, Berlin, Boston 1998, S. 10ff.

[52] Edward Gordon Craig: Towards a New Theater. Forty Designs for Stage Scenes, London, Toronto 1913, S. 41ff und S. 29; ders.: On the Art of Theatre, London 1911, S. 177, in deutscher Sprache unter dem Titel: Über die Kunst des Theaters, Berlin 1905, Nachdruck Berlin 1969.

[53] Josef Frank: Das Haus als Weg und Platz, in: Der Baumeister 28, 1931, S. 316-323.

[54] „Wer einen Raum ordnet, wiederholt das exemplarische Werk der Götter. [...] Das Haus ist eine imago mundi." - Mircea Eliade (wie Anm. 19), S. 20 und S. 32.

[55] Andrea Palladio: I quattro libri dell'architettura di Andrea Palladio, Faksimile der Ausg. Venetia 1570, Milano 1976; Andrea Palladio: Die vier Bücher zur Architektur, nach der Ausgabe Venedig 1570 aus dem Italienischen übertragen und herausgegeben von Andreas Beyer und Ulrich Schütte, Zürich und München 1983.

[56] Frank (wie Anm. 53).

[57] Ebd.

[58] Walter Euler: Die Architektur bei Giotto als Umgebung des Menschen, in: Giotto di Bondone, mit Beiträgen von M. Gosebruch, R. Salvini, W. Messerer u. a., Konstanz 1970, S. 243-252, hier S. 245.

[59] Vgl. dazu grundlegend Dagobert Frey: Wesensbestimmung der Architektur (zuerst 1925), in: ders.: Kunstwissenschaftliche Grundfragen. Prolegomena zu einer Kunstphilosophie, Wien 1946, S. 93-106, wo er neben der ihr äußeren Form als spezifische Eigenschaft von Architektur ihr Vermögen beschreibt, der Bewegung und dem Handeln im Raum Ausdruck zu geben, was rezeptionsästhetisch bedeutet, der Betrachter sieht und empfindet, um nicht zu sagen: sieht oder begreift sich, im Raum.

"Szenische Kapazität"
Thomas Hasler

In der Ausschreibung für dieses Gespräch wird die Frage nach dem Verständnis des architektonischen Raumes als Rahmen, als „in Szene-Setzung" von Bewegung und Handlung gestellt. Wie kann Architektur in ihren Innenräumen oder in ihren Zwischenräumen, also dem Wohnraum einerseits und dem urbanen Raum andererseits, einen solchen Rahmen bilden oder eben „szenische Kapazitäten" bereitstellen?

Was mich als Architekt an dieser Frage interessiert, ist nicht das Ob (also ob die Architektur das könne), sondern das „Wie"! Denn dass der architektonische Raum prinzipiell die Kraft hat, dem innewohnenden Menschen mitsamt seiner Bewegung und Handlung einen prägenden, verstärkenden, unterstützenden Rahmen zu verleihen – davon bin ich überzeugt, und das braucht auch nicht weiter bewiesen zu werden. Das ist eine Sache der Erfahrung! Das „Wie" hingegen, die spezifische Formung von Bau und Raum, die es erst ermöglicht, dass diese Kapazität überhaupt erst entsteht respektive wahrnehmbar wird und somit in die Erkenntnis des (bewohnenden) Menschen übergeht und dort ihre Wirkung entfalten kann – das ist die ungleich schwierigere Frage. Vielleicht suchen die meisten der Architekten solche Kapazitäten, wenn sie Räume gestalten. Nur wird in der gegenwärtigen Fachdiskussion die Frage wohl zuwenig genau gestellt und oft mit recht unklaren Begriffen wie z.B. Raumqualität, Raumatmosphäre etc. derart allgemein beschrieben, dass damit alles und nichts gemeint sein kann. Ich denke, die Sache birgt mehr Gesetzmäßigkeiten, als man denkt.
Voraussetzung, um sich dem Ziel anzunähern, ist das Verständnis, was Raum überhaupt ist. Mir scheint, das sei gar nicht so klar. Im Unterschied zum Objekt, auch zum architektonischen Objekt, ist der Raum, das leere Dazwischen, eigentlich das Nichts. So genannte Raumgestaltung hätte also nicht primär zum Ziel, Objekte oder Wandflächen im Raum zu dekorieren.

Eigentliche Raumbildung ist das Herstellen einer Art „Kräftefeld", das sich *zwischen* den gebauten Elementen, also im leeren Dazwischen einstellt. Nicht dass die den Raum umfassenden Elemente dabei nicht wichtig wären – sie sind es sehr – aber immer nur „in Bezug" auf das Schaffen des dazwischen liegenden Raumes und nicht isoliert für sich selber. Um das Gesagte etwas verständlicher zu machen, könnte man einen plakativen Gegensatz aufbauen. Beispiel Innenraum: Vier Wände, Boden und Decke bilden einen Innenraum, eine scheinbar banale Tatsache. Aber hier geschieht etwas Interessantes. Mit dem Akt des Bauens wird aus dem allgemeinen Raum (der Umwelt) ein Stück herausgeschnitten und eine neue, kleine Welt geschaffen: Eine Welt, auf die sich der Bewohner unmittelbar bezieht. Die vertikalen Wände stellen sich ihm entgegen und werfen ihn zurück auf den dazwischen liegenden Raum. Wie die Wände das tun, davon ist nun die Qualität dieses Dazwischens in hohem Maße abhängig. Der Gestaltung der Wände, ihrer Konstruktion, ihrer Befensterung kommt dabei die entscheidende Bedeutung zu. Man ist oft versucht, diese Frage mit dem Verweis auf den positiven Wert der abstrakten Gestaltung, der Reduktion bis zum letzten Detail zu umschiffen. Meist ist damit dann aber leider bloß eine Nicht-Gestaltung das Resultat. Diese Tatsache beruht leider auf einem heute weit verbreiteten Missverständnis der Moderne.

Mir scheint, dass das Potential der Wände im Hinblick auf die Raumbildung völlig unterschätzt wird. Ein Grund dafür mag sein, dass sich ihr räumliches Zusammenspiel überhaupt nicht geschiet fotografieren lässt, was (eingedenk der medialen Vermarktung von Architektur) natürlich ein großer Nachteil ist.

Aus Furcht vor dieser (ungestaltbaren) Leere flüchtet man sich daher gerne in besser darstellbare körperhafte Operationen, welche aber die Frage nach der Prägung des leeren Raumes (resp. dem Aufbau einer „Szenerie") leider nur selten positiv zu beantworten vermögen.

Eduardo Chillida,
Peine del viento – Windkämme,
1977

Ich zeige ein Sinnbild: Die Skulptur „Peine del viento – Windkämme" von Eduardo Chillida. Hier handelt es sich nicht um einen architektonischen Innenraum und auch nicht um Wände, sondern um skulpturale Formen im Dienste des Aufbaus eines räumlichen Spannungsfeldes.

Diese Skulptur besteht aus vier Teilen: aus den drei Plastiken und dem Eigentlichen, dem immateriellen Dazwischen, einer Art im Zwischenraum liegenden Medium, das quasi indirekt hervorgebracht wird, indem die drei umliegenden, plastisch geformten Objekte mit ihm sprechen, oder anders gesagt, mit ihrer gerichteten Ansprechgeste auf seine Existenz hindeuten. Wo liegt dieses Zwischenmedium? Irgendwo dazwischen, wohl in deren Mitte. Wie baut sich diese Szenerie auf? Durch uns, durch unseren Intellekt, durch unsere Imagination. Auf diesen fast magischen Raum dort in der Mitte beziehen wir uns. Unser Denken oszilliert zwischen unserem Standpunkt (also von wo ich dieses Foto aufgenommen habe) und dem Dort: Eine hoch dynamische und lebendige Geschichte also.

Was ich hier gezeigt habe, ist eigentlich ein Spezialfall. Solche dreidimensionalen räumlichen Phänomene mittels des zweidimensionalen, distanzierten Bildes der Fotografie zu vermitteln, gelingt selten. Im architektonischen Innenraum ist es fast unmöglich. Denn die für den Spannungsaufbau des Raumes verantwortlichen Elemente – die umgebenden Wände – lassen sich simultan in einem Bild nicht darstellen, sondern nur, indem wir mit all unseren Sinnen darinnen sind (und z.B. auch die unsichtbaren Wände hinter uns wahrnehmen).

Das Foto des Innenraums gibt uns ja nur ein Abbild von merkwürdig perspektivisch verzerrten ‚Ansichtsflächen'. Die Wirkung der Wände im Raum ist aber viel unmittelbarer auf den Betrachter gerichtet. Der wahrnehmende Mensch erfasst die einzelnen Wandelemente nicht in einer – je nach Blickwinkel unterschiedlicher – perspektivischer Verzerrung, sondern gewissermaßen objektiv denkend aus demselben Zentrum heraus, auf welches sie gerichtet sind. Das hat viel mit Wahrnehmungstheorie zu tun, wie sie u.a. Helmuth Plessner mit dem Argument von der „Selbstenthaltenheit des Bewusstseinssubjektes im Bewusstsein" dargelegt hat. Das ist für die Innenraumerkenntnis sehr wichtig: Im Unterschied zur Objektwahrnehmung, die auf einer Gegenüberposition von Betrachter und Objekt aufbaut, ist der Betrachter bei der räumlichen Wahrnehmung gewissermaßen immer selbst Teil des Objektes. Der Innenraum als objektive Raumstruktur ist nicht 1:1, als Einheit und simultan, also zusammen erfassbar, sondern er erschliesst sich dem Wahrnehmenden gewissermaßen sukzessive, also erst nach und nach, im Ablauf seiner Wahrnehmung. Es entsteht keine repräsentative, einheitliche Ansicht des Raumgebildes, sondern das Raumgebilde setzt sich aus *Teilansichten* zusammen. Mit diesen *Teilansichten* ist aber nicht nur die Summe aller visuellen Eindrücke gemeint. Das visuelle Bild wird durch die weiteren Sinnesorgane ergänzt, welche die Atmosphäre des Raums durch Akustik, Haptik und Geruch erweitern. Die *Teilansichten*, *Teilinformationen* nähren ein Wissen, welches über die subjektiven Reize hinaus mit Hilfe der Leistungen des Intellekts schließlich die Strukturerkenntnis über den Bau ermöglicht.

Der objektive Raum, so unverzerrt und wahr, wie er im Grundriss ersichtlich ist, hat in gewisser Weise Aspekte einer transzendenten Existenz: Das „Wahre", „Ganze" wird durch die Sinne immer nur andeutungsweise, in Teilen preisgegeben. Das gesamte Raumbild muss in der Vorstellung ergänzt, zusammengebaut werden.

Das folgende Beispiel vermag das Zusammenspiel eines Raumes, bestehend aus geometrischer Struktur und vorherrschenden Form- und Ausdruckselementen, zu zeigen. Adalbert Stifter beschreibt in „Nachsommer" einen Raum wie folgt: „Zu dem Ernste der Wolkenwände gesellt sich der

Ernst der Wände von Marmor, und dass in dem Saale gar keine Geräte sind, vermehrt noch die Einsamkeit und Größe. Wenn nun vollends schon eine schwache Abenddämmerung eingetreten ist, so zeigt die Oberfläche des Marmors den Widerschein der Blitze, und während wir so auf und nieder gingen, war einige Male der reine, kalte Marmor wie in eine Glut getaucht, und nur die hölzernen Türen standen dunkel in dem Feuer, oder zeigten ihre düstere Fügung."[1]

An dieser Beschreibung interessiert uns die Struktur der Raumvorstellung. Auch Stifter unterscheidet zwischen *Raum* und *Wand* – der leere Raum, einsam und groß, wird umstanden von marmornen Wänden und dunklen Türen. Diese weisen eine anthropomorphe Struktur, eine vertikal organisierte Form auf: Sie „stehen", und zwar in „düsterer Fügung", also nicht als abstrakte Flächen, sondern eben als „gefügte", aus Teilen zusammengesetzte, in Oben und Unten, Rand und Mitte unterschiedene Elemente. „Düster", ehrfurchtgebietend ist ihre kraftvolle Ausdruckswirkung auf den Raum hin.

Aus dieser Textpassage lässt sich viel herauslesen, z.B. wie sich die Raumrichtungen und die Beziehungen zwischen den beteiligten Elementen verhalten. Der „Widerschein der Blitze" auf dem Marmor und die „im Feuer stehenden Türen" befinden sich mit dem Naturphänomen in frontaler Dialogposition. Dem „Ernste der Wolkenwände" entspricht der „Ernst der Wände von Marmor" auf der räumlichen Gegenseite der hier nicht erwähnten Fenster. Diesem streng gefügten Beziehungssystem, das sich in der Querrichtung des Raumes aufbaut, steht die Längsrichtung gegenüber, und entlang dieser Richtung bewegen sich auch die Personen. „... während wir so auf und nieder gingen" bezeichnet deren *freie subjektive* Bewegung, die dem *objektiven* und *stabilen* Formendialog in der Querrichtung untergeordnet ist.

Mit diesem analogen Beispiel von Stifter wird eine Art der Raumbildung eingeleitet, welche ich in der Folge noch weiter ausführen möchte. Benennen ließe sich diese Raumbildung als das „raumbildende Prinzip der umfassenden Wände".
Die Beschreibung zeigt Zweifaches:

1. Den Aufbau eines Raumes oder auch von einer „Szene" – also von einem Raum mit den beteiligten Akteuren, den darin handelnden, sich bewegenden und wahrnehmenden Menschen und den umgebenden Elementen: Wände, Fenster, Türen.

2. Die Ausdruckskraft der Elemente: Ohne die Wirkung der Umfassung gibt es die Szene nicht. Die Wände besitzen eine spezifische Proportion und Materialität. Die Türen besitzen Ausdruckskraft, „düstere Fügung, stehend". Die Fenster besitzen Form und die Kraft der aktiv durch sie eindringenden Naturphänomene.

Der Raum lässt sich also als ein Zweifaches beschreiben: Als Gebärdenstruktur und als die Summe der umfassenden Gebärden selbst! Wir unterscheiden also: Das menschliche Subjekt nimmt die objektive Form, also z.B. die Bauform wahr. Gleichzeitig wird das oder die Subjekte (das ja als Teil in der objektiven Raumform selbst enthalten ist) durch die Bauform gewissermaßen „geordnet", in Struktur, in Form gebracht. Die Bauform dient dabei als eine Art *Geleit* oder *Beistand*, um das Amorphe der Individuen zu ordnen.

Der Fotograf Herbert Bayer stellt ähnliche Fragen mit seinen beiden Bildern „Morgen in Paris", 1925 und „Wannsee-Bad", 1929. Das eine Mal stellte er die vereinzelten Individuen in das Verhältnis zur objektiven Form der Stadt (Straßen, Häuser), das andere Mal zeigt er die Abwesenheit der objektiven Bauform. Die Masse, das Wimmelbild, wird selbst zur Form in ihrer Ungeordnetheit.

Oskar Schlemmer beispielsweise bringt die Puppenfiguren in seinen Bildern meistens in einen Zusammenhang mit geometrischen Formen. Darin drückt er zwei gegensätzliche Zustände aus, die Bewegung und die Ruhe. Dieser Aspekt bildet auch für jede Raumvorstellung eine Voraus-

Herbert Bayer, Wannsee-Bad, 1929 und Morgen in Paris, 1925

Oskar Schlemmer, Ruheraum, 1925
Kinderzeichnung von Rudolf Schwarz: Wand mit zwei Doppelflügeltüren

setzung: Die statische architektonische Raumform stellt sich der bewegenden Figur des Menschen gegenüber. Sie ist ihr ruhender Gegenpol.

Das Bild „Ruheraum" beispielsweise zeigt eine solche Grundordnung. Das durch die Andeutung der tief liegenden Leibung als Fenster erkennbare, liegende helle Rechteck in der Mitte des Bildes zieht alle beteiligten Figuren in seinen Bann. Die auf grundsätzliche Ausdrucksformen wie Liegen, Sitzen oder Stehen reduzierten Figuren werden von der abstrakten weißen Fläche im Hintergrund zentriert. Durch die Frontalität der lichten Form und – in minderem Masse – durch das Linienmuster des Bodens wird die Figurengruppe im Raum geordnet. Auf den mit dieser Darstellung erreichten Zustand der Ruhe verweist Schlemmer mit dem Titel des Bildes gleich selber.

Soviel also zur Raumstruktur, zur Interaktion von menschlicher Figur und gebauter Form. Wie verhält es sich nun mit der Gestaltung, mit dem Formausdruck, der ja quasi Generator oder Energielieferant für die Kräfteverhältnisse im Raum ist und ohne den alles blutleere, nicht wahrnehmbare Theorie bleibt.

Nehmen wir nochmals die Vorstellung der Tür im Raum von Stifter. Als illustratives Beispiel hierfür zeige ich diese Kinderzeichnung: Auf dieser Zeichnung ist eine Wand zu erkennen, die durch drei Pilaster strukturiert ist; dazwischen eingebettet stehen zwei Doppelflügeltüren. Dass das Kind die Wand als selbständiges und orthogonales Gebilde darstellt und nicht die perspektivische Raumdarstellung wählt, ließe sich allenfalls mit Hilfe entwicklungspsychologischer Argumente erklären; dass es die Wandfigur aber überhaupt als zeichnungswürdig erkennt, zeugt vom Eindruck, den diese Ausdrucksfigur bei ihm hinterlassen haben muss. Die aktiven Elemente sind hier die beiden Türen mit ihrer anthropomorphen Struktur. Stehend, durch die beiden Doppelflügel auf die Mitte hin organisiert, konstituiert die Figur eine frontal gerichtete *Ausdrucksgebärde*. Das mögliche Aufspringen der Türen und das Erscheinen einer menschlichen Figur in ihrem Rahmen ist in gewisser Weise Bestandteil der Form an sich. Die stehende Türe, die symmetrische Mittellinie und die zusätzliche Betonung der Mitte durch Türgriffe und Schlusssteinandeutung im Sturz – diese Figur kann bereits als abstrahierter menschlicher Körper gelesen werden. Das Sich-Biegen der beiden Formen leistet dazu ein Übriges. Eine solche Beschreibung, die den Aspekt des Lebendigen in der Form miteinschließt, entbehrt jeder rationalistischen Grundlage. Sie basiert auf Ausdruckswerten, die ein *intuitives* Erkennen verlangen. Mit solchen Beispielen möchte ich nochmals auf die entscheidende Differenz von der abstrakt geometrischen Disposition des Räumlichen auf der einen – und der ausdruckshaften Wirkung der Umfassung auf der anderen Seite hinweisen.

Im Werk von Rudolf Schwarz, mit dem ich mich lange auseinandergesetzt habe, gibt es die sogenannten Kirchenpläne, welche genau auf dieser Unterscheidung aufbauen: Auch hier gibt es die Raumstruktur und die umfassende raumbildende Architekturform. Der Kirchenplan als Grundrissschema will die theologisch motivierte Gemeinschaftsformation regeln, der umfassende, dicke Strich hingegen meint die architektonische Form, also die zu gestaltende Hülle: Wand und Decke oder welche Bauform auch immer. Architektonisch waren diese Pläne noch in keiner Art und Weise eingegossen.

Der architektonische Einsatz verlangt nun das Gegenbild zum leeren Raum. Ein schönes Beispiel dazu zeigt die Wandgestaltung von St. Christoforus in Köln-Niehl von Schwarz. Die vier Wände wirken durch das Zusammenspiel aller Gestaltungselemente in ihrer Fläche je als *Ausdrucksfigur* mit einem inneren Schwerpunkt. Alle vier Wände richten ihre Gebärden frontal auf das räumliche Zentrum aus und erzeugen so ein Spannungsfeld, das an Schlemmers

Rudolf Schwarz, St. Christoforus in Köln-Niehl, 1959
Oskar Schlemmer, Tischgesellschaft, 1923

„Tischgesellschaft" erinnert. Wird die Mitte dort durch die frontal gerichteten Gebärden der um den Tisch versammelten Figuren konstituiert, so bestimmen hier die vier Wände den zentralen Zwischenraum. In ihrer kompromisslosen Frontalität scheinen die Wandfiguren den Personen im Raum eine Botschaft vermitteln, sich ihnen nähern zu wollen. Für den nach links, nach rechts oder nach vorne schauenden Betrachter haben alle drei im Blickfeld stehenden Wände eine gleichwertige visuelle Präsenz, und auch die hinter ihm stehende vierte Wand ist in ihrer nicht direkt sichtbaren, wohl aber phänomenalen Präsenz nicht minder von Bedeutung.

Zum Schluss versuche ich noch zu zeigen, wie solche Erkenntnisse in unsere Praxis hineinwirken (das anhand von zwei aktuellen Beispielen).

Beim Bau der Kantonsschule in Wil versuchten wir, im Inneren ein räumliches Gleichgewicht herzustellen, das ein dialogisches Verhältnis zwischen den Nutzräumen und dem großen Innenhof aufbauen sollte. Mit Hilfe des Wahrnehmungsprozesses entsteht eine oszillierende Bewegung zwischen dem Hier und dem Dort.
Der Hof selber dann (der kein Kunsthof ist und durchaus betreten werden kann) erhält kraftvolle Umfassungen. Reliefartige Hartholzeinfassungen, Schlusssteine der verborgenen Treppentürme in den vier Ecken bilden das notwendige Kraftfeld für den Aufbau der konstituierenden Mitte des Baukomplexes.

Ganz anders baut sich der städtebauliche Raum beim Stadthaus in Chur auf: Mit dem Neubau des Hauses am Rande des städtischen Platzes tritt ein neuer Akteur auf der bestehenden „Szene" auf. Die konvexe Formung der Fassade antwortet auf die komplexe Geometrie des (bestehenden) Platzes. Mit dem Gebäude suchten wir Kraft zu erzeugen: Kraft, vermittelt durch die Gebäudestatik und die Gebäudeform. Die konvex geformten Obergeschosse rücken gegen den Platzraum vor. Die Fassade dient dabei als Träger, wobei die Last nur an wenigen Punkten abgetragen wird. Sie ist die städtebauliche Antwort auf die gesuchte Differenz von Erdgeschoss und Obergeschossen.
Das Erdgeschoss, die begangene, städtische Plattform öffnet sich, man könnte auch sagen, dieses Geschoss atme gewissermaßen ein, und „falte sich dabei ein". Der Obergeschosskörper mit den der Stadt entrückten, privaten, auf das Innere konzentrierten Räumen wird aufgrund der inneren Kraft ausgefaltet. Die Fassade ist gespannt, auf die maximal erreichbare Ausdehnung bedacht.
Die tragende Betonfassade führt mit dem Prinzip des Gerberträgers über die Stützen des Erdgeschosses, über die frei auskragenden Eckpunkte hinweg. In der Fassadengestaltung, mit der Formung und Proportionierung der Fenster, setzt dann wiederum die Verleihung des alles entscheidenden Formausdrucks ein.
Gleiches gilt für den Materialausdruck: Das ohne Fugen gegossene Betontragwerk mit seiner samtenen, mit dem Stockhammer bearbeiteten Oberfläche bildet die direkte, kraftvolle und glaubhafte Antwort auf das stadträumliche Dazwischen.

[1] Adalbert Stifter: Nachsommer, [Neuausg.], Frankfurt/M. 1982, S. 362

Staufer & Hasler Architekten,
Neue Kantonschule Wil, Innenhof, 2004
Städtisches Verwaltungsgebäude und Medienzentrum SRG, Chur, 2005

Bildnachweis

Titel: „The Birthday Ceremony", Copyright Sophie Calle / VG Bild-Kunst, Bonn 2007, Courtesy Arndt & Partner, Berlin

S. 11: Anja Grunwald
S. 14: Angelika Jäkel
S. 21: Sabine Schouten
S. 23 aus: www.vanessabeecroft.com
S. 25: Allianz Arena München Stadion GmbH
S. 27: Juraj Liptàk
S. 29 o.: Dominik Hegemann
S. 29 u.: Harry Vetter
S. 30/31: Peter Studer
S 32: Anja Grunwald
S. 41/43: Jürgen Hasse
S. 45: Graphik: Gudrun Salz, Entwurf: Jürgen Hasse
S. 52: Janson + Wolfrum
S. 57 aus: Anne Mueller von der Haegen: Giotto di Bondone - um 1267-1337, Köln, 1998, Abb. 66 und 70.
S. 59 aus: Hans Belting, Dieter Blume (Hg.): Malerei und Stadtkultur in der Dantezeit. Die Argumentation der Bilder, München 1989, Tafel III.
S. 61 aus: Joanna Cannon u. André Vauchez: Margherita of Cortona and the Lorenzetti. Sienese Art and the Cult of a Holy Woman in Medieval Tuscany, Pennsylvania 1999, Tafel XV.
S. 63 aus: Edward Gordon Craig: Towards a New Theater. Forty Designs for Stage Scenes, London, Toronto 1913, S. 41ff.
S. 64/65 aus: Josef Frank. Architektur, Michael Bergquist, Olof Michélsen (Hg.), Basel, Boston, Berlin 1995, S. 121-31.
S. 69: Thomas Hasler
S. 71 aus: Emilio Bertonati, Das experimentelle Photo in Deutschland. 1918-1940, München 1978, S. 72 und 69.
S. 72 o. aus: Karin v. Maur, Oskar Schlemmer, Monographie, Prestel Verlag München 1979, S. 161.
S. 72 u.: Skizze: Rudolf Schwarz, mit dem Einverständnis von Frau Schwarz.
S. 73 o.: Th. Riele
S. 73 u. aus: Karin v. Maur, Oskar Schlemmer, Monographie, Prestel Verlag München 1979, S. 118
S. 75: Heinrich Helfenstein

Peter Lang · Internationaler Verlag der Wissenschaften

Susanne Krosse

Wohnen ist mehr
Andere Wohnkonzepte für *neue* Lebensformen

Frankfurt am Main, Berlin, Bern, Bruxelles, New York, Oxford, Wien, 2005.
253 S., zahlr. Abb. und Graf.
Beiträge zur Planungs- und Architektursoziologie.
Herausgegeben von Barbara Zibell. Bd. 3
ISBN 978-3-631-54192-0 · br. € 45.50*

In unserer Gesellschaft formieren sich laufend neue Lebensformen. In Zukunft werden die Qualitäten des Wohnens daran gemessen werden, wie gut das Zusammenleben in unterschiedlichen Lebensformen gelingen kann. Mit welchen räumlichen Konzepten können Wohnprojekte zum Erfolg geführt werden, wenn man diese Aspekte berücksichtigt? Welche Flächen braucht ein Haushalt in der privaten Verfügung, welche können gemeinsam mit Freunden und Nachbarn genutzt werden? Wie tragen solche gemeinschaftlich genutzten Flächen zur Wertsteigerung der Immobilie bei, ohne den Organisationsaufwand in die Höhe zu treiben? Sieben *Best-Practice-Projekte* zeigen Wege auf, wie diese Fragen in der Praxis beantwortet werden. Letztlich werden Potentiale für neue Wohnqualitäten herausgearbeitet und zur Diskussion gestellt.

Aus dem Inhalt: Fünf Dimensionen des Wohnens · Eine Typologie von Lebensformen in Zusammenhang mit dem Wohnen · Systemische Betrachtung von Lebensformen · Vier Wohnmodelle · *Best-Practice-Wohnprojekte* · Erfolgsfaktoren innovativer Wohnprojekte

Frankfurt am Main · Berlin · Bern · Bruxelles · New York · Oxford · Wien
Auslieferung: Verlag Peter Lang AG
Moosstr. 1, CH-2542 Pieterlen
Telefax 00 41 (0) 32 / 376 17 27

*inklusive der in Deutschland gültigen Mehrwertsteuer
Preisänderungen vorbehalten

Homepage http://www.peterlang.de